Think Different

I0616667

Cristianismo
Inteligente

*Smart Christianity*

Emanuel Picone

## AGRADECIMIENTOS

A mi esposa Gretel, por enseñarme el amor de Dios en cada detalle y por compartir lo maravilloso de la vida. Nuestras mañanas son únicas.

A mis hermosos hijos Gianluca y Donnatella por ser mis maestros.

A mis padres, por enseñarme a amar a Jesús.

A la pequeña comunidad "Pasión por su Presencia" en Ezeiza, por dejarme ser parte de ustedes.

Y al mas importante de todos mis amigos, a vos Espíritu Santo. Al que no se conforma conmigo y sigue su exquisita tarea de moldearme cada día a su imagen.

.

# Contenido

# Introducción

*Cristianismo Inteligente* es un libro que nace de una necesidad por revisar el *modus operandi* de la iglesia en este siglo XXI, donde estamos rodeados de elementos a lo que la ciencia define como la era "Smart" o "Inteligente".

Por lo que nacen inquietudes como:

-¿Deberíamos repensar o redefinir la iglesia?

-¿Basta con un selecto programa, una estrategia elegida y un predicador reconocido para llevar adelante el "ministerio"?

-¿Consta de seleccionados elementos y artilugios específicos el "éxito" del cumplimiento del llamado?

-¿Son los ingredientes, los materiales y la formación de excelentísimos equipos la garantía de una iglesia vanguardista?

-¿Estamos a la altura de las necesidades de la sociedad? ¿Somos o vamos a la Iglesia? ¿Practicamos el Cristianismo de Cristo? ¿Por quién somos guiados? ¿Evangélico o cristiano?

Estas, como tantas preguntas, son las que desafían al lector al punto de poder descubrir si en la era "Smart" nuestro cristianismo es inteligente y usa el cerebro.

Espero no ofender la susceptibilidad de algún religioso que sin darse cuenta, al igual que yo, como mencioné en el libro *Harto de Religión*, necesite encontrarse con Cristo para dejarse guiar por el Espíritu Santo y no por caducas y pesadas tradiciones que condicionan al genuino cristianismo y en su fin lastiman el alma.

> *"Hay camino que al hombre le parece derecho; pero su fin es camino de muerte".* (Proverbios 14:12).

¡Somos cristianos, está permitido usar el cerebro!!!

# 1. El pernil de cerdo

Hace uno años atrás escuché una maravillosa historia acerca de una familia que solía cocinar una pata de jamón o pernil de cerdo. Esta comida era una linda tradición familiar que se extendía de abuela a nieta y paso a contarla:

Un día, el marido le preguntó a su mujer por qué no cocinaba ese manjar que años atrás había disfrutado en la casa de su suegra, ya que esperaban una visita de amigos especiales. Su esposa asintió diciéndole que fuera a comprarla. Y así fue, a las pocas horas, el marido estaba en la cocina con el pernil de cerdo y todos los ingredientes indispensables para la cocción.

La preparación de este plato ameritaba una serie de pasos e ingredientes a seguir.

La espera terminó cuando su mujer después de haber puesto la mantelería y la vajilla especial para dicha cena, llamó a todos los comensales a que se acercaran a la mesa y tomaran sus lugares.

Vaya sorpresa se llevo el marido cuando al descubrir la bandeja encontró que el gran pernil de cerdo había quedado reducido a casi la mitad, por lo que exclamó: ¿Qué paso con la otra mitad?

A lo que su mujer le respondió: "Así siempre lo hizo mi mamá..."

El marido, no quedando conforme con la respuesta, visitó días después a su suegra y esta le dijo la misma respuesta que previamente había escuchado de su hija: "Así siempre lo hizo mi mama..."

Testarudo, el marido consultó a la abuela de su mujer y le preguntó lo mismo:

-Abuela ¿por qué siendo de una magnitud determinada, el pernil de cerdo, a la hora de servirlo, solo queda la mitad?

A lo que la abuela le respondió: -Hijo, cuando el abuelo de tu mujer me traía el pernil de cerdo no me entraba en la fuente por lo cual todo lo que excedía a esta se desechaba.

Esta sencilla historia desnuda una realidad muy cruel en nuestro cristianismo. Estamos tan atados a las experiencias que tuvieron con Dios los que nos precedieron, que no hay oportunidad para que su revelación y su guía sean los hilos conductores de nuestras decisiones.

Las tradiciones y experiencia ajenas no bastan para la iglesia de hoy. **Dios sigue hablando.**

# 2. Inteligente

Interesante es el mensaje que Jesús les da a sus flamantes y recientes convocados al "ministerio". Cuando habiéndolos enviado les dice:

> *"Miren, los envío como ovejas en medio de lobos. Por lo tanto, sean astutos como serpientes e inofensivos como palomas".* (Mateo 10:16 NTV)

Una de las características que más hemos enseñado en nuestras congregaciones, y nos ha salido muy bien, es el ser *"inofensivos como palomas"*, es decir, pacifistas, conciliadores y amigables. Pero, ¿nunca hemos despertado inquietudes en cuanto al mandato que Jesús les da a sus discípulos de ser "astutos"?

Nuestro objetivo evoluciona a diario, y ¿qué nos pasa a nosotros?

Debemos ser todo lo que Jesús dijo que seamos, y bien vale redefinir nuestro cristianismo para poder así cumplir con nuestro llamado y misión.

Veamos:

Estamos en la "era" donde los sociólogos nos definen como la *Generación Smart*. Tenemos Smart Phone, Smart TV, Smart Car, Smart House **y cada día un "cristianismo" y cristianos con menos**

**inteligencia espiritual e intelectual.**

¿Por qué decimos tener una Buena Noticia y aun nosotros mismos la sufrimos?

¿Será que algo no anda bien?

¿Será que hemos heredado una serie de reglas y rutinas que nada tienen que ver con la vida que Jesús nos regaló?

Debemos dejar de andar en las orillas y profundizar nuestras prácticas o conductas.

## Jesús era inteligente a la hora de transmitir el mensaje

Los religiosos de aquel tiempo no disfrutaban de Jesús. Resistían sus enseñanzas y cuestionaban sus conductas.

Jesús no vino por sabiduría y entendimiento humano, sino que vino a buscar y a salvar a los perdidos, vino por lo vil y despreciado del mundo.

Me da pena reconocer que no la paso bien con los religiosos, que siempre hablan de sí mismos y sus diferencias con los pecadores. Pero me consuelo al descubrir que Jesús también la pasaba mal con ellos.

No podemos hablar de la extensión del Reino si cada día estamos más encerrados en nuestras posiciones.

## ¿Estaremos conectados al cielo?

La psicología lo denomina como un nuevo estrés, los expertos lo llaman multitasking, una palabra de moda que significa pasar sin pausa de una cosa a la otra.

En los años 90, fue el temor a quedar afuera por el paso de la vida analógica a la digital, que se metió en cada hogar y en cada trabajo, modificando casi todas las rutinas.

Hoy, el estrés tiene nuevas causas: la multiplicación de tareas, la sobrecarga de información que desborda nuestra capacidad de absorberla y el uso sin freno e irracional de nuevas tecnologías. Las pantallas, los mails, los chats, los twists, todas aquellas acciones que engloba la nueva palabra de moda, se imponen como los responsables del estrés actual y de esta sensación de estar hiperconectados.

Esta continua adicción a vivir conectados produce lo que los expertos denominan tecno estrés el cual se divide en tres variantes:

*Tecno ansiedad*: sensación no placentera de tensión y malestar por el uso de la tecnología.

*Tecno fatiga*: es la aparición del cansancio mental y la incapacidad para estructurar y asimilar la nueva información.

*Tecno adicción*: es la necesidad incontrolable de usar tecnología en todo momento y lugar.

Las mismas desencadenan y derivan una cuarta situación:

**tecno fobia,** que involucra resistencia, miedo y hostilidad hacia la tecnología.

El problema no es la tecnología, sino su mal uso. Hay un ejemplo clarísimo: las redes sociales favorecen lo social, pero si uno no las deja, nunca el resultado es la soledad.

Hace unos años preguntábamos: ¿qué haces cuando te conectas? Hoy la pregunta es a la inversa: ¿qué haces cuando no estas conectado?

¡Hemos llegado al punto en el que muchos han pasado de ser usuarios a ser usados por las tecnologías!

*"Conéctate con el cielo y libérate de todo el estrés de la tierra."*

# 3. Conocido, re conocido

Existe una profunda necesidad de revisar nuestro caminar. Debemos hacer una mirada introspectiva en cuanto al "cristianismo" que estamos viviendo y compartiendo. No podemos seguir adelante sin autoevaluarnos y considerar si lo que estamos desarrollando no está produciendo primero en nosotros los frutos y los cambios para los que Cristo vino a este mundo.

El Espíritu del Santo vino para formar y dirigir a la Iglesia. Esta es la obra del Espíritu Santo y Su misión. Somos transformados a través de la comunión con Él y de las relaciones que llevamos adelante en lo que hoy denominamos la "Iglesia".

Ahora bien, necesitamos redescubrir que Su misión está más ligada a la sensibilidad hacia una persona que hacia una carta o escrito. Y con esto no quiero desmerecer la importancia de la Palabra, pero hemos dado más énfasis a la escritura que a la persona del Espíritu Santo.

Podemos entender esto pensando en la relación de una pareja en donde muchas veces se le pone más énfasis e importancia en las cartas de amor que en la relación misma.

Sabemos cada día más de sus gustos y deseos, pero

frecuentamos y disfrutamos cada día menos de la persona. ¡Qué ironía! Sólo es un romanticismo efímero e idealista.

Así ocurrió con la venida del Mesías, aquellos que hablaban y enseñaban de Él, cuando apareció, no lo conocieron y lo crucificaron.

## "No debemos leer más… debemos seguir escribiendo."

Existe una gran diferencia entre conocer y el reconocer.

Muchos conocían a Jesús, pero no lo reconocían como tal. No supieron reconocer en Jesús al Mesías, al enviado por Dios.

Algunos decían: "No es este el hijo de María y del carpintero José…"

Meditemos. El Evangelio de Mateo, donde se nos presenta una experiencia en la que Jesús tuvo con los religiosos y les enseña a sus discípulos algo que hoy deberíamos revisar.

## Veamos:

*"Vinieron los fariseos y los saduceos para tentarle, y le pidieron que les mostrase señal del cielo.*

*Mas él respondiendo, les dijo: Cuando anochece,*

*decís: Buen tiempo; porque el cielo tiene arreboles. Y por la mañana: Hoy habrá tempestad; porque tiene arreboles el cielo nublado. ¡Hipócritas! que sabéis distinguir el aspecto del cielo, ¡mas las señales de los tiempos no podéis! La generación mala y adúltera demanda señal; pero señal no le será dada, sino la señal del profeta Jonás. Y dejándolos, se fue.*

*Llegando sus discípulos al otro lado, se habían olvidado de traer pan. Y Jesús les dijo<u>: Mirad, guardaos de la levadura de los fariseos y de los saduceos.</u> Ellos pensaban dentro de sí, diciendo: Esto dice porque no trajimos pan. Y entendiéndolo Jesús, les dijo: ¿Por qué pensáis dentro de vosotros, hombres de poca Fe, que no tenéis pan? ¿No entendéis aún, ni os acordáis de los cinco panes entre cinco mil hombres, y cuántas cestas recogisteis? ¿Ni de los siete panes entre cuatro mil, y cuántas canastas recogisteis? <u>¿Cómo es que no entendéis que no fue por el pan que os dije que os guardaseis de la levadura de los fariseos y de los saduceos?</u> Entonces entendieron que no les había <u>dicho que se guardasen de la levadura del pan, sino de la doctrina de los fariseos y de los saduceos.</u>*

*Viniendo Jesús a la región de Cesarea de Filipo, preguntó a sus discípulos, diciendo: ¿Quién dicen los hombres que es el Hijo del Hombre?*

*Ellos dijeron: Unos, Juan el Bautista; otros, Elías;*

*y otros, Jeremías, o alguno de los profetas. Él les dijo: Y vosotros, ¿quién decís que soy yo?*

*Respondiendo Simón Pedro, dijo: <u>Tú eres el Cristo, el Hijo del Dios viviente.</u> Entonces le respondió Jesús: <u>Bienaventurado eres, Simón, hijo de Jonás, porque no te lo reveló carne ni sangre, sino mi Padre que está en los cielos.</u>*

*Y yo también te digo, que tú eres Pedro, y sobre esta roca edificaré mi Iglesia; y las puertas del Hades no prevalecerán contra ella. Y a ti te daré las llaves del reino de los cielos; y todo lo que atares en la tierra será atado en los cielos; y todo lo que desatares en la tierra será desatado en los cielos.*

*Entonces mandó a sus discípulos que a nadie dijesen que Él era Jesús el Cristo".* **(Mateo 16:1-20)**

El texto nos señala que los fariseos, saduceos, los eruditos, los escribas, los judíos ortodoxos, etc., no supieron reconocer en la persona de Jesús al Mesías y el cumplimiento de las profecías que tantas veces recitarían en aquel tiempo con esperanzas en las sinagogas y el templo.

Hay secretos que se esconden en este relato que van más profundo que en la simple comprensión o exegesis de un texto. Debemos tener oídos atentos y sensibilidad al Espíritu Santo para que Él nos revele acerca de los misterios que ha reservado para sus hijos.

Jesús les confronta diciéndoles: "¿Acaso no reconocen las

señales del tiempo?"

*...¡Hipócritas! que sabéis distinguir el aspecto del cielo, ¡mas las señales de los tiempos no podéis!...*

Y aun más, profundiza la discusión instando a sus discípulos a que se separaran de esta corriente de pensamiento que estaba más ligada a una religión muerta que a una práctica de vida.

*"Y Jesús les dijo: Mirad, guardaos de la levadura de los fariseos y de los saduceos".*

Pero también subraya que el Evangelio genuino nace de una revelación del Padre y no de información contada o leída.

*"Entonces le respondió Jesús: Bienaventurado eres, Simón, hijo de Jonás, porque no te lo reveló carne ni sangre, sino mi Padre que está en los cielos".*

El Evangelio es real cuando se te revela la persona de Cristo, cuando esa experiencia cambia toda tu vida. Y se nota, en tus decisiones diarias, en tu modo de hablar, en tu escuela, en tu trabajo, con tus amigos, en tus proyectos, etc.

Deja que Cristo crezca en ti. Su revelación está al alcance de tu determinación por ser maleable a lo que Dios desea de ti.

Nuestro cristianismo no se trata de información acumulada, sino de una persona revelada.

# 4. El marginal

Jesús vivió un cristianismo marginal a diferencia de los religiosos de aquella época.

¿Por qué?

- Porque no se ajustaba a las tradiciones que ellos profesaban en aquel momento.

- Porque su obra no estaba determinada en las ceremonias tediosas que ni siquiera ellos querían practicar.

- Porque el yugo era fácil y la carga era ligera.

- Porque sus enseñanzas eran inclusivas y llenas de oportunidades para el que creía.

- Porque amaba, a diferencia de los fariseos que señalaban y eran juzgados por sus propias reglas.

- Porque liberaba a la gente, a diferencia de los religiosos que atan cargas pesadas y difíciles de llevar, y las ponen sobre los hombros de los hombres; pero ellos ni con un dedo quieren moverlas.

- Porque no quería que nadie lo llamara Maestro a diferencia de los fariseos que hacían todas sus obras para ser vistos por los hombres.

- Porque vivió para servir y no para amar los primeros asientos en las cenas, y las primeras sillas en las sinagogas, y las salutaciones en las plazas, y que los hombres los llamen: Rabí, Rabí. Etc., etc., etc....

La religión produce una fuerte crisis en la estima del hombre, porque condiciona a este a una serie de conductas "meritorias" en busca de una continua aprobación de un ser "superior".

# 5. Más allá de la Biblia

## ¿Un guía o un mapa de ruta?

Jesús no nos dejó una Biblia, Jesús nos dejó al Espíritu Santo.

¿Sabías que la Iglesia primitiva no contó con la Biblia durante sus primeros 200 años?

¿Sabías que el apóstol Pablo no tenía ni la más mínima idea que las cartas que enviaba a las diferentes iglesias iban a ser consideradas libros de la Biblia?

¿Sabías que todas las profecías dadas antes de la venida de Jesús tuvieron su cumplimiento en su persona y sus obras?

¿Quién dirigía a la Iglesia en ese tremendo obrar?

¿Cuál era el mapa de ruta y qué decisiones debían tomar?

> *"Estas cosas os he hablado, para que no tengáis tropiezo.*
>
> *Os expulsarán de las sinagogas; y aun viene la hora cuando cualquiera que os mate, pensará que rinde servicio a Dios. Y harán esto porque no conocen al Padre ni a mí. Mas os he dicho estas cosas, para que cuando llegue la hora, os acordéis*

*de que ya os lo había dicho.*

*Esto no os lo dije al principio, porque yo estaba con vosotros. Pero ahora voy al que me envió; y ninguno de vosotros me pregunta: ¿A dónde vas?*

*Antes, porque os he dicho estas cosas, tristeza ha llenado vuestro corazón.*

*Pero yo os digo la verdad: Os conviene que yo me vaya; porque si no me fuera, el Consolador no vendría a vosotros; mas si me fuere, os lo enviaré. Y cuando Él venga, convencerá al mundo de pecado, de justicia y de juicio. De pecado, por cuanto no creen en mí; de justicia, por cuanto voy al Padre, y no me veréis más; y de juicio, por cuanto el príncipe de este mundo ha sido ya juzgado.*

*Aún tengo muchas cosas que deciros, pero ahora no las podéis sobrellevar.*

*Pero cuando venga el Espíritu de verdad, él os guiará a toda la verdad; porque no hablará por su propia cuenta, sino que hablará todo lo que oyere, y os hará saber las cosas que habrán de venir.*

*Él me glorificará; porque tomará de lo mío, y os lo hará saber. Todo lo que tiene el Padre es mío; por eso dije que tomará de lo mío, y os lo hará saber".* **(San Juan 16:1-15)**

Cabe resaltar que hoy vivimos una realidad muy distinta a lo que experimentó la Iglesia en sus inicios. Aquellos

"padres" de la Iglesia no tenían un manual de compendio e instrucciones, o una guía explícita de cómo conducirse, sólo tenían nada más y nada menos que la viva guía del Espíritu Santo. Es más, aún no sabían que sus experiencias y sus cartas iban a ser comprendidas dentro de una recopilación a la que el tiempo denominaría la "Biblia".

Pero algo ocurría entre ellos, era tan notorio que ese "mover" se extendía de un modo impresionante.

*"Yo no quiero que me hablen de Él, yo quiero conocerle a Él".*

Algo tan sencillo como esto es la base o fundamento de un cristianismo genuino. Tristemente lo digo, pero cada día hay más escuelas, seminarios, congresos, etc., etc., etc., pero necesitamos volver a esa relación con la persona y disfrutar de su compañía.

Cuando conocí a mi esposa, me gustaba mucho escribirle cartas de amor, y aún más me gustaba recibir de ella, pero por sobre todas las cosas me gustaba estar con ella. Así de igual modo necesitamos volver al origen de la Iglesia.

Hoy pareciera que la revelación pasara sólo por aquellos que dedican un tiempo especial a la lectura e incluso intensifican el conocimiento asistiendo a instituciones de capacitación. Pero el cristianismo, que cambió la vida de los primeros discípulos, fue el acercamiento y la relación que tuvieron con la persona de Jesús.

La revelación no es exclusividad de los "ministros" o algún

"iluminado". El perfume de su presencia es el sello de haber caminado con El.

Seguramente, este pensamiento escrito traerá una fuerte crítica a las tradiciones cristianas aprendidas, pero como escribí hace un tiempo atrás en el libro que llevó por nombre "Harto de Religión", nuestras prácticas han estado más ligadas al estilo y formas de aquellos que nos precedieron que a lo que el Espíritu Santo quiere hacer hoy.

*"La revelación no es exclusividad de los "ministros" o algún "iluminado". El perfume de su presencia es el sello de haber caminado con El".*

## ¿Quién conduce tu vida?

*"Jesús no nos dejó una Biblia, sino al Espíritu Santo."*

*"En el principio era el Verbo, y el Verbo era con Dios, y el Verbo era Dios.*

*Este era en el principio con Dios. Todas las cosas por Él fueron hechas, y sin Él nada de lo que ha sido hecho, fue hecho.*

*En Él estaba la vida, y la vida era la luz de los hombres. La luz en las tinieblas resplandece, y las tinieblas no prevalecieron contra ella.*

*Hubo un hombre enviado de Dios, el cual se llamaba Juan. Este vino por testimonio, para que diese testimonio de la luz, a fin de que todos creyesen por Él. No era Él la luz, sino para que*

*diese testimonio de la luz.*

*Aquella luz verdadera, que alumbra a todo hombre, venía a este mundo. En el mundo estaba, y el mundo por él fue hecho; pero el mundo no le conoció.*

*A los suyos vino, y los suyos no le recibieron. Mas a todos los que le recibieron, a los que creen en su nombre, les dio potestad de ser hechos hijos de Dios; los cuales no son engendrados de sangre, ni de voluntad de carne, ni de voluntad de varón, sino de Dios.*

*Y aquel Verbo fue hecho carne, y habitó entre nosotros (y vimos Su gloria, gloria como del unigénito del Padre), lleno de gracia y de verdad.*

*Juan dio testimonio de Él, y clamó diciendo: Este es de quien yo decía: El que viene después de mí, es antes de mí; porque era primero que yo. Porque de su plenitud tomamos todos, y gracia sobre gracia. Pues la ley por medio de Moisés fue dada, pero la gracia y la verdad vinieron por medio de Jesucristo.*

*A Dios nadie le vio jamás; el unigénito Hijo, que está en el seno del Padre, Él le ha dado a conocer".* **(San Juan 1:1-18)**

La Biblia, ha sido nuestro pilar y nuestra guía. Lo que hoy definimos o conocemos como tal se construyó a raíz de un montón de discusiones que se llevaron adelante a través de los diferentes encuentros llamados en la antigüedad concilios.

La discusión en cuanto a la legitimidad de los libros despertó fuertes discusiones en los siglos pasados y desnudó la crisis del cristianismo de por aquel entonces.

¿Quién no ha escuchado historias de personas que en medio de persecuciones ideológicas se reunían en sótanos para leer tan sólo una porción de esta?

¡Historias extraordinarias!

Pero nuestro cristianismo pareciera tener una mirada hacia lo que sucedió y no lo que Dios quiere seguir haciendo. Seguimos admirando la Iglesia primitiva, cuando la Iglesia primitiva debería admirarnos a nosotros, ya que Jesús mismo dijo que cosas mayores haríamos.

Necesitamos ser inteligentes a la hora de reconocer que la gente no necesita que le contemos historias de la Biblia, necesitamos ser testimonios vivos de la revelación de Cristo.

Y no me canso de decir que los padres de la Iglesia no tenían una Biblia, tenían la Palabra de Dios, caminaban con la Verdad, que no es una lección, sino una persona. Los reconocían por haber andado con Él. Sus modos de hablar y de caminar lo demostraban.

*"La gente no necesita que le contemos historias de la Biblia, necesitamos ser testimonios vivos de la revelación de Cristo."*

La gente necesita reconocer esa misma virtud en nosotros.

Hoy pareciera que lo atractivo de nuestro cristianismo estaría centrado en los programas, eventos, instalaciones y no en que la gente vea a Cristo en nosotros.

La sociedad esta hambrienta de ver a Jesús; a ese Jesús que le contamos con nuestras conductas diarias.

Jesús quiere manifestarse a través de ti en tu casa, en tu escuela, universidad, trabajo, etc.

> *"Y aquel Verbo fue hecho carne, y habitó entre nosotros (y vimos su gloria, gloria como del unigénito del Padre), lleno de gracia y de verdad."*
> **(San Juan 1:14)**

El Verbo se hizo carne y habitó entre nosotros... y ascendió y nos envió el Espíritu Santo para que su revelación, su dirección siga obrando y conquistando día a día cada área de nuestra vida.

¿Se acabó la revelación?

¿Se acabaron los hechos de los apóstoles?

O bien debemos reconocer que el método, la estructura, la institución mató el mover y el obrar del Espíritu Santo.

Dios te despierta hoy, Iglesia, así como lo ha hecho conmigo, y quita toda sordera espiritual, arranca toda matriz de tradición y religión.

La Fe viene por el oír... La Palabra es una persona, se llama Jesús, no una serie de libros.

El Evangelio es la revelación del cielo...

# La persona de Jesús tiene que ser revelado en tu vida...

*"La Palabra es una persona, se llama Jesús, no una serie de libros."*

# 6. Abierto sólo los domingos

La Iglesia de Jesús pareciera que sólo atiende los domingos y miércoles a determinados horarios. Hoy día, la Iglesia de Jesús está determinada por itinerario y protocolos de ceremonias, cuando el mismo Jesús dijo:

*"Uno mayor que el templo esta aquí."* **(Mateo 12:6)**

### ¿Cristianismo o liturgia?

El libro de Hebreos nos invita a salir del templo y ¿qué hacemos nosotros? Todo lo contrario. Seguimos invitando al templo. Cuando Él nos enseña que ha decidido morar en nosotros y caminar con nosotros.

Jesús nunca invirtió en ladrillos. Y, ¿qué hacemos nosotros?

Jesús nunca compró un sistema de sonido. Y, ¿qué hacemos nosotros?

Nuestras asambleas tienen raíces más antiguo testamentarias que la dirección del Espíritu Santo. Empapadas de ritos y costumbres tan bien planificadas que dejan al dueño de la Iglesia fuera del programa.

La reunión, el culto, no es un programa de 30 minutos de

"alabanza", 5 minutos de anuncios, 30 minutos de tocar el bolsillo y ahora si... nos preparamos para escuchar una "Palabra de Dios".

La dirección y el obrar del Espíritu Santo movilizan, convencen, transforman, redarguyen, corrigen, sanan, liberan...

Devolvamos la Iglesia al dueño. Esta nada tiene que ver con una cadena o franquicias de locales de ayuda carismáticas. Esta nada tiene que ver con salones, luces, sillas y un sistema de sonido. Esta nada tiene que ver con púlpito y plataforma. Esta nada tiene que ver con bajada de línea y revelaciones exclusivas de hombres "iluminados".

Nosotros somos la Iglesia, no invitemos gente a la Iglesia, no pensemos proyectos o ideas atractivas para llevar gente a la Iglesia, trabajemos para extender el Reino de Dios.

Nuestras asambleas se parecen más a ceremonias hebreas o con todas sus rituales que a la Iglesia del nuevo testamento.

## Consumidores de cultos

Mao Tse-tung (Hunan, China, 1893 - Pekín, 1976) fue político y estadista chino. Nacido en el seno de una familia de trabajadores rurales, fue el máximo dirigente del Partido Comunista de China y de la República Popular China. Un dictador que se metió a través de la llamada Revolución Cultural (1966-1976) en contra de lo que

comúnmente denominamos el avance de la Iglesia de Cristo.

Los años de la Revolución Cultural fueron juzgados oficialmente por las autoridades chinas como los "diez años de catástrofe". Para el cristianismo, fueron los años de la persecución más violenta y la supresión sistemática de su presencia.

Cuando Mao Tse-tung subió al poder en China, inició una purga sistemática contra la religión, la Iglesia en China, que estaba bien establecida y contaba con un número estimado de dos millones de fieles, tuvo que cerrar sus puertas.

Mao hizo desaparecer a todos los misioneros extranjeros y nacionales, expropió a todas las iglesias, ejecutó y encarceló a los líderes. Prohibió las reuniones amenazándolos con la muerte.

El objetivo explícito de la Revolución Cultural era erradicar al cristianismo en China.

En los '70s, al final del gobierno de Mao, se permitió de nuevo que los cristianos entraran al país. Esperaban encontrar una Iglesia inexistente o más bien diezmada con sus discípulos débiles y abatidos. Pero sucedió todo lo contrario, descubrieron que el cristianismo había florecido más allá de toda imaginación. La cantidad de cristianos se contaba por millones.

La pregunta es:

¿Qué pasó con la Iglesia en China?

Una Iglesia carente de líderes, carente de programas, carente de tecnología, carente de eventos, de redes sociales, de músicos, de infraestructura.

¿Cómo pudieron crecer?

Pues abandonaron el concepto de ir a la iglesia y empezaron a ser la Iglesia a dondequiera que fuesen.

Abandonaron los programas por las relaciones interpersonales, abandonaron la religión por una relación genuina con Jesús, abandonaron el concepto de "consumidores de cultos" por el de discípulos de Cristo.

¿Qué harías si no tuvieras una iglesia a la cual asistir?

*"Mientras sigamos enfocando nuestro 'cristianismo' en nuestras necesidades, perderemos el privilegio de ser Jesús para esta generación."*

De un tiempo a la fecha pareciera que el llamado pasa por ser apóstol, ministro de adoración, pastor... ¿y el llamado al evangelismo?

Necesitamos dejar de conducir a la gente a la iglesia y comenzar a ser la Iglesia.

## Acto de clausura

¿Quién no ha participado de una fiesta de inauguración de una congregación?

Con tanta algarabía se viven los días previos y siguientes. Colmados de desafíos, trabajos y emociones que

movilizan aun al más escéptico de los participantes.

Pero de un tiempo a la fecha, hemos celebrado más inauguraciones de recintos o edificios que el número de personas que han pasado de su antigua a la nueva manera de vida.

No necesitamos un edificio más, necesitamos a Cristo reflejado en cada acto de nuestras vidas.

En los barrios hay mas "iglesias" que kiosquitos, pero cada día se refleja menos a Cristo.

¿No deberíamos cerrar edificios e inaugurar los verdaderos templos?

¡Celebremos los actos de clausura a tantas estructuras "evangélicas" y vivamos en cristianismo de Cristo!

# 7. Evangelismo o marketing

En nuestro deseo de evangelizar, nuestra propuesta está más empeñada en llevar una Biblia que mostrarles a una persona.

Desde un tiempo a la fecha, hemos desarrollado cuántos tipos de métodos y estrategias que nos ha venido a la mano pensando en desarrollar mejor desempeño en nuestra misión por extender el Reino de Dios.

Cuando pensamos acerca de las palabras de Jesús en Mateo 28:20, "Id por todo el mundo y predicar el evangelio", pregunto:

¿Hemos comprendido la misión? ¿O sólo hemos trabajado en generar buenos proyectos? ¿O sólo hemos trabajado para ganar adeptos personales?

## Primero Jerusalén

> *"Y me seréis testigos en Jerusalén, en Judea,..."*
> **(Hechos 1:8)**

En sencillas palabras como estas, edifiquemos Su reino, podemos traer a colación muchas intenciones distorsionadas que vienen adjuntas en un sinfín de "mandatos" que están más fundados en tradiciones obsoletas que en el sentir de Jesús y en el deseo del Padre.

Si edificar la Iglesia significa o demanda desmantelar tu casa, estás descuidado tu "Jerusalén". En el libro de los Hechos, vemos a Jesús diciéndoles que después de la venida del Espíritu Santo, ellos iban a ser testigos y emisarios de Su Reino. Ahora la premisa, y no es ligero el detalle que se comience por *en Jerusalén*.

¿Cuál es tu Jerusalén?

¿De qué nos sirve al mas allá... cuando no podemos el más acá?

Cuántos amados pastores y siervos que han dado lo mejor de sus vidas, calidad y cantidad de tiempo, descuidaron sus hogares, su seno más íntimo, por amor a la "obra".

Sus hijos han sido muchas veces víctimas de estos formatos que estos amados hermanos han adoptado creyendo que servían al Reino, ganando almas para Dios, invirtiendo lo mejor de ellos en misiones, edificios, etc., y tristemente perdían sus propios hogares.

Hijos apartados, esposas y/o esposos abandonados, familias descuidadas, etc., sólo por el fin de edificar Su Reino... ¡No creo que esto sea el sentir de Dios!

Dios quiere levantar tu "Jerusalén", sanar tu tierra. Tanta incoherencia hemos asumido, tanta tristeza hemos traído a nuestros propios hogares buscando a la oveja perdida y dejando morir a nuestra familia.

Dios está arrancando toda idiotez espiritual que se nos ha pegado, hombres que por ir al "culto" dejamos a nuestras

esposas enfermas en sus camas, a nuestros hijos en actos escolares o no los acompañamos en sus actividades deportivas, etc.

Nunca Jesús nos invitó a que estableciéramos atractivas estrategias y ganáramos personas para nuestro "reinito". Jesús vino a establecer Su Reino y a que se extienda Su Reino a través de nuestro testimonio vivo.

Nunca Jesús nos indicó que iniciáramos campañas, repartiéramos folletos, escribiéramos tarjetas de decisiones, eventos o alquiláramos estadios, aunque bienvenidos sean; solamente nos invitó a compartir por medio de nuestras experiencias lo bueno que es vivir conforme a la vida que Él nos dio.

Tristemente hemos puesto mayor compromiso en estrategias planificadas y altamente costosas que en el ser conscientes de que a Cristo lo predicamos cada día y en cada lugar en que nos desempeñamos.

Tristemente, queremos que todo aquello que hagamos sean obras medibles, palpables y que estén bajo nuestro control, pero nunca fue el objetivo de Jesús. El dueño de la obra es Dios, el que dirige la obra es Dios. Todo lo demás es una fuente de estrés y obras pesadas y cargas tediosas.

# 8. Maquillaje de religión

*"Aquel día, cuando llegó la noche, les dijo: Pasemos al otro lado. Y despidiendo a la multitud, le tomaron como estaba, en la barca; y había también con él otras barcas.*

*Pero se levantó una gran tempestad de viento, y echaba las olas en la barca, de tal manera que ya se anegaba. Y él estaba en la popa, durmiendo sobre un cabezal; y le despertaron, y le dijeron: Maestro, ¿no tienes cuidado que perecemos? Y levantándose, reprendió al viento, y dijo al mar: Calla, enmudece. Y cesó el viento, y se hizo grande bonanza. Y les dijo: ¿Por qué estáis así amedrentados? ¿Cómo no tenéis Fe?*

*Entonces temieron con gran temor, y se decían el uno al otro: ¿Quién es éste, que aun el viento y el mar le obedecen?"* **(Marcos 4:35-41)**

La historia es recontra conocida. Aquella tormenta que se desata mientras Jesús duerme.

Cuando se desatan las tormentas en la vida, uno puede descubrir dos cosas: de qué está hecho y con quién cuenta.

Lo que a Jesús lo mantiene despierto, a nosotros nos duerme. Y lo que a nosotros nos desvela, a Jesús lo duerme.

La pregunta es: ¿Jesús desconoce nuestra realidad o simplemente a través de ella deja que aflore la misma?

La religión ha creado un sinfín de modismos que hacen más a cuestiones de formas que de fondo; hace más al maquillaje que al contenido.

Aquella tormenta desnudó la falta de fe de aquellos que andaban con Jesús. Tristemente hoy, al igual que ayer, la religión ha creado conductas apoyadas más en modos y formas de movernos que el carácter en tiempos de crisis.

A través de cada experiencia de los discípulos de Jesús podemos identificar patrones arraigados en nuestras vidas como parte de un patrón que siempre se repite frente a diferentes escenarios que la vida misma nos propone.

La sociedad necesita ver en nosotros ese carácter que no está fundamentado en lo que decimos y como nos vestimos, sino en nuestra confianza en la persona de Jesús.

Durante tanto tiempo hemos trabajado en el "uniforme" o "maquillaje" del cristianismo y descuidando que la diferencia es cuánto de crisis o Cristo tenemos en nuestras diarias tormentas.

Es tiempo de ser sencillos, es tiempo de mostrar a Cristo en nuestras barcas, que de hecho no huelen bien y no son grandes embarcaciones ni yates, sino vidas sencillas que han sido embellecidas por el poder transformador de Su poder y Su obrar diario.

*"La diferencia es cuánto de crisis o Cristo tenemos en nuestras diarias tormentas."*

Mientras que la religión invierte en las formas (vestido, comida, fiestas, etc.), Jesús transforma cuestiones de fondo (carácter).

Quizás nos desvela el sostén del edificio, el sonido, la climatización del salón, el grupo de alabanza, el ministerio de niños, etc., y mientras tanto, Jesús duerme.

*"Todo puede ser muy precario menos tu pasión por Dios y tu amor al prójimo."*

# 9. Sólo los bautizados

Solo los bautizados pueden participar de la Santa Cena.

Recuerdo cuando de chico escuchaba que desde el púlpito, "el lugar donde Dios sólo hablaba a la Iglesia", se decía: "Hermanos, sólo los bautizados pueden participar del cuerpo de Cristo", haciendo mención a la cita en donde Pablo les dice a los corintios que cada uno se examinara así mismo, ya que si uno comiera o bebiera indignamente...

> *"De manera que cualquiera que comiere este pan o bebiere esta copa del Señor indignamente, será culpado del cuerpo y de la sangre del Señor. Por tanto, pruébese cada uno a sí mismo, y coma así del pan, y beba de la copa. Porque el que come y bebe indignamente, sin discernir el cuerpo del Señor, juicio come y bebe para sí. Por lo cual hay muchos enfermos y debilitados entre vosotros, y muchos duermen.*
>
> *Si, pues, nos examinásemos a nosotros mismos, no seríamos juzgados; mas siendo juzgados, somos castigados por el Señor, para que no seamos condenados con el mundo.*
>
> *Así que, hermanos míos, cuando os reunís a comer, esperaos unos a otros. Si alguno tuviere*

*hambre, coma en su casa, para que no os reunáis para juicio. Las demás cosas las pondré en orden cuando yo fuere". (1 Corintios 11:24-34)*

Ahora deberías pensar si lo que Pablo le escribe en aquel momento a la Iglesia es una regla o más bien un consejo en cuanto a conductas que eran evidentes y manifiestas en aquella comunidad y en aquel momento.

Creo que todo consejo o verso escrito fuera del contexto se vuelve una matriz fundamentalista y exclusiva donde no sólo nos erige a nosotros como jueces, sino deja al mismo Espíritu Santo condicionado a la letra o escritura.

Y así, siendo chico crecí detrás de un montón de formas y estructuras que no hacen otra cosa que menospreciar la gracia de Dios.

Tenemos mucha letra pero poco espíritu. Seguimos construyendo ideales fundados en los méritos de los hombres y no en la dádiva de Dios. Señalamos y apuntamos a toda persona que no se ajusta a nuestra incisiva mirada.

¿Cuándo vimos a Jesús diciéndole a la gente que para seguirle y participar de Él debía bautizarse?

Él nos enseñó que el amor cubre multitud de faltas, que el que a Él iba, no lo echaba fuera...

*"Porque el pan de Dios es aquel que descendió del cielo y da vida al mundo. Le dijeron: Señor, danos siempre este pan.*

*Jesús les dijo: Yo soy el pan de vida; el que a mí*

*viene, nunca tendrá hambre; y el que en mí cree, no tendrá sed jamás. Mas os he dicho, que aunque me habéis visto, no creéis.*

*Todo lo que el Padre me da, vendrá a mí; y al que a mí viene, no le echo fuera. Porque he descendido del cielo, no para hacer mi voluntad, sino la voluntad del que me envió. Y esta es la voluntad del Padre, el que me envió: Que de todo lo que me diere, no pierda yo nada, sino que lo resucite en el día postrero".* **(San Juan 6:33-39)**

No hay acto más discriminatorio que el ver a personas que no son "dignas" no puedan participar del cuerpo de Cristo. Ahora, yo me pregunto:

¿Quién es digno?

¿Quién tiene méritos en su vida?

Con mucha tristeza lo admito, yo también estuve allí. Yo fui parte de toda esa elite, donde hemos reverenciado más a la ceremonia que al Espíritu Santo, dándole culto a los modos, al protocolo, a la vajilla, a la mantelería, a la galleta sin levadura, al vino moscato y no sé cuántas pavadas más que a la gracia de Dios, que nos hizo uno en el amado y el amor de Dios que nos constriñe.

Pero el Espíritu Santo está rompiendo toda tradición hueca y religiosidad de la Iglesia. Jesús sigue amando y escogiendo lo que nosotros desechamos. Él vino a buscar lo vil y despreciado del mundo. Ahora te recuerdo que dentro de esa categoría estamos yo y vos (el burro adelante), ya que no hay nada por lo que podamos decir que somos salvos sino fuera por la gracia de Dios.

La cena del Señor no consiste en un lugar señalado, una mesa especialmente servida ni mucho menos de un tipo de pan amasado sin levadura ni un vino fino. La cena del Señor es la comunión que tenemos unos con otros, el amor que demostramos cubriéndonos las faltas. La cena de Señor es un mantel que no sólo cubre la mesa, sino también nuestras discapacidades, nuestras cojeras. La mesa del Señor es la posibilidad de transmitir su amor a aquel que cree que la vida le robó la esperanza, la Fe, etc.

Así de este modo es como hacemos memoria de Cristo. Todo lo demás es cháchara...

Seamos cristianos, seamos inteligentes...

# 10. Sin corbata y sin pollera

*"Vestido para la ocasión, preferentemente elegante sport."* (Así decía la invitación para aquella distinguida fiesta a celebrar).

**Una linda experiencia...**

Recuerdo hace unos años un muy amigo de otro país me invitó a su congregación a compartir con ellos un tiempo especial y dar alguna palabra o reflexión de Dios. Por lo que con entusiasmo preparé el mensaje, alisté mi valija y emprendí el hermoso viaje.

Amablemente, como solía hacerlo, me recibió en el aeropuerto y me condujo a su casa a hospedarme y compartir unos días maravillosos de amistad y familia.

El meollo de la situación se dio cuando al momento de salir para lo comúnmente denominado "culto" me aparecí vestido con unos jeans, zapatillas y sin corbata...

El semblante de mi amigo se transformó, al punto que no pudo contenerse.

La situación derivó en un tema que pareciera instalado como "las vacas sagradas" que nadie se atrevió a discutir.

Predicador sin corbata soy. (Tema resuelto)

Pastor: - "Hermana, traiga la pollera larga, la camisa blanca y el moñito azul para cantar en el coro."

¿Qué nos pasó?

¿Cuándo fue que perdimos el sentido común?

¿Cuándo fue que uniformamos al Evangelio?

¿Quién nos dijo que el Evangelio es traje y corbata?

¿Cuándo se nos enseñó que el Evangelio es vestido o comida?

*"Dios no vino a cambiar la apariencia del hombre. Dios vino a cambiar el corazón."*

Durante años la Iglesia procuró hasta el hartazgo cambiar el atuendo o modos de vestirse de la gente. Apartando de este modo a aquellos que se acercaban a nuestras comunidades por algo diferente, por un amor inclusivo, se encontraron con demandas que nada tienen que ver con el verdadero propósito del Evangelio.

*"Porque el reino de Dios no es comida ni bebida, sino justicia, paz y gozo en el Espíritu Santo."* **(Romanos 14:17)**

Cuando el Evangelio no consiste en vestido, comida o fiestas...

Pollera, traje y corbata, mantilla, sin tintura, sin maquillaje, etc., etc., etc.

*"Para ir a la Iglesia hay que ponerse lo mejor", frases como*

*estas he escuchado desde mi niñez, cuando Jesús denunció a los religiosos de su tiempo como sepulcros blanqueados.*
**(Mateo 23)**

Lo que Dios busca no es un lindo vestido, sino un corazón rendido, dependiente de Él y que se manifieste en el amor e incluir al prójimo...

Todo es parte de una tradición que no viene de Jesús, sino de costumbres religiosas que han hecho del Evangelio una elite "exclusiva", lo han abreviado a una simple discusión superficial y generado de este modo la mala predisposición de las personas a recibir el verdadero mensaje...

*"Cuando la Iglesia pierde de vista la dirección del Espíritu Santo, sólo quedan las mañas."*

Deberíamos repensar nuestros hábitos. ¿Qué te parece? Y con esto no quiero desmerecer la elegancia o el decoro; pero ¿si en vez de poner tanto énfasis en el atuendo, le pegamos una planchadita a nuestro espíritu, si perfumamos nuestro carácter con el apresto de Su presencia?

# 11. Inflador y agite

Lo que vas a leer a continuación es una historia muchas veces enseñada, pero no dejo de encontrar gemas de gran valor en cada repasada.

La iglesia de "Betesda". La invalidez de la Iglesia.

> *"Después de estas cosas había una fiesta de los judíos, y subió Jesús a Jerusalén. Y hay en Jerusalén, cerca de la puerta de las ovejas, un estanque, llamado en hebreo Betesda, el cual tiene cinco pórticos. En estos yacía una multitud de enfermos, ciegos, cojos y paralíticos, que esperaban el movimiento del agua. Porque un ángel descendía de tiempo en tiempo al estanque, y agitaba el agua; y el que primero descendía al estanque después del movimiento del agua, quedaba sano de cualquier enfermedad que tuviese.*
>
> *Y había allí un hombre que hacía treinta y ocho años que estaba enfermo. Cuando Jesús lo vio acostado, y supo que llevaba ya mucho tiempo así, le dijo: ¿Quieres ser sano?*
>
> *Señor, le respondió el enfermo, no tengo quién me meta en el estanque cuando se agita el agua; y entre tanto que yo voy, otro desciende antes que*

*yo.*

*Jesús le dijo: Levántate, toma tu lecho, y anda. Y al instante aquel hombre fue sanado, y tomó su lecho, y anduvo. Y era día de reposo aquel día.*"
**(Juan 5:1-9)**

El estanque de Betesda tiene mucha similitud con lo que ocurre en la actualidad. Los "cristianos" de por aquel entonces se reunían alrededor de la fuente esperando que de vez en cuando un ángel descendiera y agitara el agua y el que primero tocaba era sanado.

Hoy nuestra realidad como Iglesia "organizada" no está muy lejos de aquello que ocurría por aquel entonces, necesitamos un plan delineado estratégicamente para captar la atención de quienes, como en aquel tiempo, recibían un milagro o dádiva extraordinaria.

38 años le bastaron a aquel hombre paralítico para recibir ese milagro.

Actualmente hay personas que llevan mucho más que eso y nada...

La experiencia de aquel lisiado en aquel lugar sigue vigente y desnuda la profunda crisis de la Iglesia. Donde muchos corremos tras esas "propuestas extraordinarias", que nos devuelva las expectativas que las malas experiencias de la vida nos quitó.

Lo que antes era un estanque, una multitud, un agite de aguas y un ángel enviado, hoy pareciera que pasa por tal congreso, seminario, pastor, profeta, apóstol, músico, banda, etc.

El mover del Espíritu Santo no está supeditado a lugar, horario ni programa... simplemente a la Fe y dependencia de este

Mucha gente al igual que en esta historia necesita que de vez en cuando algo extraordinario suceda, viven corriendo en busca de los milagros y se olvidan del hacedor de milagros. Sus expectativas están puestas en el programa, en el orador y no en lo que Dios quiere hacer.

El peligro de fundar nuestra vida en un estilo de cristianismo estructurado nos conduce hacia una religión organizada.

El estanque era sinónimo de esperanza para todos los enfermos, aún más sabiendo que estaba en la casa de la misericordia. De igual modo hoy sigue funcionando la religión. Esta te llena de hábitos, ritos y costumbres pero no te sacia y mucho menos te saca de la enfermedad, invalidez y necesidad.

La religión genera un falso marco de seguridad, pero te estanca y te envenena. Sólo Jesús puede saciar tu necesidad... ¡Atrévete a conocerlo!

La invalidez está en el corazón del hombre.

# 12. Deja que te toque, deja...

Todo cristianismo que no sea conducido por el Espíritu Santo es religión.

Necesitamos comprender que el obrar del Espíritu Santo no es una opción en nuestra vida, es el todo. Él es nuestra guía, Él es nuestra fuente de inspiración, Él es quien convence de pecado y transforma.

*"Todo cristianismo que no sea conducido por el Espíritu Santo es religión."*

Hoy, pareciera que Su obrar está supeditado a experiencias o emociones que se manifiestan a través de sacudones, escalofríos, estados de risas, llantos repentinos, etc. Tampoco su obrar está determinado a un encuentro de "avivamiento exprés".

Ahora bien, todo esto puede ocurrir. Pero la eficacia de su obrar o el genuino toque del Espíritu no se encuentra en cómo o cuántas veces te caíste, sino como te levantas después de tal experiencia.

Al ser dirigidos por el Espíritu Santo es que nuestro estilo de vida y todas nuestras decisiones son manejadas por Él.

Cuando nuestra vida está dirigida por el Espíritu Santo, cuando somos guiados por Él, se nota, en nuestro modo de hablar, en nuestras conductas diarias, en nuestras relaciones, en nuestros compromisos.

Hoy pareciera que nuestros avivamientos quedan en nuestras ceremonias, ¿y después qué?

No se trata de invitarlo a nuestra vida como si se tratara de un vehículo, se trata de que tome el control del volante y Él conduzca. Él no es acompañante de lujo ni copiloto de viaje, Él es el chófer y conductor de nuestro destino.

Somos instrumentos en sus manos y la virtud está en que Él nos use.

¿Deja que te toque o deja que te guíe?

*"¡Ningún instrumento tiene valor en sí mismo, sólo por quien lo ejecuta! ¡Nuestro ego detiene la ejecución de Dios! Sólo somos instrumentos..."*

No existe mayor fuente de estrés que el control y mientras nosotros estemos al mando de nuestra vida seguiremos practicando una religión hueca y vacía que nos fatiga y nos enferma.

# 13. Una mala noticia

Si el Evangelio es una buena noticia, ¿por qué se sufre tanto?

¿Por qué los hombres de Dios llevan las marcas y heridas sobre sus cuerpos y almas?

Dijo Jesús:

> *"Venid a mí todos los que estáis trabajados y cargados, y yo os haré descansar. Llevad mi yugo sobre vosotros, y aprended de mí, que soy manso y humilde de corazón; y hallaréis descanso para vuestras almas; porque mi yugo es fácil, y ligera mi carga."* **(Mateo 11:28-30)**

El yugo de la religión es pesado, mata el alma y enferma el cuerpo.

La religión nos vuelve obsecuentes a una matriz de formas y conceptos que siempre fueron conducidos por tradiciones y patrones que nada tienen que ver con el evangelio de Jesús.

Meditemos en esta enseñanza:

> *"En aquel tiempo, respondiendo Jesús, dijo: Te alabo, Padre, Señor del cielo y de la tierra, porque escondiste estas cosas de los sabios y de los*

*entendidos, y las revelaste a los niños. Sí, Padre, porque así te agradó.*

*Todas las cosas me fueron entregadas por mi Padre; y nadie conoce al Hijo, sino el Padre, ni al Padre conoce alguno, sino el Hijo, y aquel a quien el Hijo lo quiera revelar".* **(Mateo 11:25-27)**

¿Cuál es el secreto que Dios le escondió de los sabios y entendidos que hoy nos quiere revelar?

¿Cuándo el Evangelio dejó de ser una buena noticia?

¿Cómo podemos darnos a conocer como evangélicos cuando nuestro estilo de vida ya no es una buena noticia?

Acerquémonos a Él, dejemos toda carga que no sea ligera y todo lo que no sea un yugo fácil.

Seamos sinceros, reconozcamos que no hay manera de ganar Su favor por nuestros méritos. No tratemos de impresionar a nadie.

Volvamos a la sencillez de la comunión, donde disfrutamos de su amor y relación.

*"Servid a Jehová con alegría. Venid ante su presencia con regocijo."* **(Salmos 100:4)**

Si el cristianismo que vivimos dejó de ser alegría, no es una buena noticia y como tal nos enferma.

# 14. Somos o vamos

Mientras no entendamos el mensaje de Jesús, seguiremos reclutando adeptos para nuestras instalaciones, en vez de afectar el lugar donde nos desenvolvemos.

Nunca Jesús nos señaló que el mundo viniera a la Iglesia, sino que la Iglesia vaya al mundo. *"Id por todo el mundo..."*

Mientras metamos el mundo en la Iglesia, seguiremos siendo inducidos por la "industria" pero si llevamos la Iglesia al mundo introduciremos Su Reino en la cultura.

La consigna de Jesús en su oración a Dios no fue que nos quitara del mundo, sino que nos guardara del mal.

> *"No ruego que los quites del mundo, sino que los guardes del mal.No son del mundo, como tampoco yo soy del mundo.*
>
> *Santifícalos en tu verdad; tu palabra es verdad. Como tú me enviaste al mundo, así yo los he enviado al mundo."* **(San Juan 17:15-18)**

La consigna de Jesús no fue que edificáramos templos, sino que fuéramos el templo.

La consigna no es que hablemos diferente, sino que ellos nos entiendan. De hecho Jesús hablaba de modo que el campesino y el pescador entendieran.

Hoy en nuestros encuentros hacemos énfasis en el griego, en el hebreo y tantas cosas que alejamos y complicamos por nuestras formas lo que se abrevia al simple mensaje de Jesús: ama a tu prójimo como a ti mismo.

La Iglesia, a lo largo de la historia, se ha parecido más a una misión de colonización que una conquista, porque a través de sus múltiples métodos ha intentado cambiar a golpes la cultura en vez de entender el contexto y las formas para ganarlos con la dirección del Creador del mundo.

Veamos lo que nos dice Pablo y su experiencia:

*"Por lo cual, siendo libre de todos, me he hecho siervo de todos para ganar a mayor número.*

*Me he hecho a los judíos como judío, para ganar a los judíos; a los que están sujetos a la ley (aunque yo no esté sujeto a la ley) como sujeto a la ley, para ganar a los que están sujetos a la ley; a los que están sin ley, como si yo estuviera sin ley (no estando yo sin ley de Dios, sino bajo la ley de Cristo), para ganar a los que están sin ley.*

*Me he hecho débil a los débiles, para ganar a los débiles; a todos me he hecho de todo, para que de todos modos salve a algunos.*

*Y esto hago por causa del Evangelio, para hacerme copartícipe de él. ¿No sabéis que los que corren en el estadio, todos a la verdad corren, pero uno sólo se lleva el premio? Corred de tal*

*manera que lo obtengáis".* (**1 Corintios 9:19-24**)

El apóstol nos da una cátedra acerca de su modo de extender el Evangelio. Y aun nos desafía a emprender el objetivo de tal modo que lo logremos (vs 24).

Pablo no tenia prejuicios cuando se trataba de extender el Evangelio (vs 23).

Cada generación tiene sus maneras y formas, pero se resiste a lo nuevo, a los cambios de paradigmas.

Así mismo, Juan el Bautista, siendo el predecesor de Jesucristo y estando en crisis en la cárcel, dudó del proceder poco ortodoxo de Este generando muchas inquietudes

> *"Y al oír Juan, en la cárcel, los hechos de Cristo, le envió dos de sus discípulos, para preguntarle: ¿Eres tú aquel que había de venir, o esperaremos a otro?* (**Mateo 11:2-3**)

Jesús, al igual que Pablo, se hacía a la gente para ganar a la gente. Las tradiciones y conductas de por aquel entonces no supieron entender las conductas de Jesús. Los fariseos y maestros de la Ley estaban escandalizados. No reconocían en Juan un enviado a preparar el camino ni mucho menos a Jesús como el Mesías. Pero lo interesante del texto son las inquietudes que tenía Juan. Cuando Jesús redobla la apuesta del Padre, y le envía a decir:

> *Respondiendo Jesús, les dijo: Id, y haced saber a Juan las cosas que oís y veis. Los ciegos ven, los*

*cojos andan, los leprosos son limpiados, los sordos oyen, los muertos son resucitados, y a los pobres es anunciado el evangelio; y bienaventurado es el que no halle tropiezo en mí.* **(Mateo 11:4-6)**

El texto sigue y nos cuenta acerca de que Jesús solía incursionar los lugares y las formas que hoy seguimos resistiendo.

*"El que tiene oídos para oír, oiga. Mas ¿a qué compararé esta generación? Es semejante a los muchachos que se sientan en las plazas, y dan voces a sus compañeros, diciendo: Os tocamos flauta, y no bailasteis; os endechamos, y no lamentasteis.*

*Porque vino Juan, que ni comía ni bebía, y dicen: Demonio tiene. Vino el Hijo del Hombre, que come y bebe, y dicen: He aquí un hombre comilón, y bebedor de vino, amigo de publicanos y de pecadores. Pero la sabiduría es justificada por sus hijos".* **(Mateo 11:15-19)**

No se trata de rebajar verdades eternas, sino de entender que Dios sigue vigente y Su poder no ha menguado. Se trata de estar donde Jesús quisiera estar.

*"Mientras no entendamos el mensaje de la gracia seguiremos persiguiendo a Jesús." (#Saulo)*

Está permitido pensar. Por favor, no dejemos el cerebro fuera de nuestras instituciones.

Durante muchos años pareciera que cuando hablamos de Fe, la razón queda de lado. Necesitamos reconocer que

nuestro "cristianismo" está enemistado con la inteligencia, volcándonos a prácticas y ceremonias ridículas que son muchas veces un obstáculo para que la gente pueda reconocer en nuestra misión algo fresco, novedoso, genuino y aun atractivo.

El Evangelio es una buena noticia, y no me canso de repetir que muchas veces terminamos padeciéndolo a causa de algunos determinados ítems que me gustaría que revisemos.

- Jesús nunca hizo sentir incómodos a sus oyentes, sólo a los religiosos;

- Jesús siempre se vistió a la moda;

- Jesús participaba de fiestas;

- Jesús no juzgaba a la gente sino la amaba;

- Jesús no hablaba raro, sino de acuerdo al oficio de la persona para que pudiera entender.

¿Somos templo o vamos al templo? Seamos luz donde no hay luz, comencemos a brillar en la oscuridad.

# 15. Pablo y Sheila

Lo que te voy a contar fue una experiencia fuerte que atravesé hace un tiempo y que desnudó mi falta de respuesta y crisis en cuanto al modo en cómo yo creía que funciona la Iglesia.

Los nombres de los protagonistas fueron cambiados para preservar su identidad.

Conocí a Pablo en su adolescencia, además de compartir mucho tiempo con él debido a las actividades como parte de la misma congregación y al trabajo que desarrollábamos juntos. Así crecimos y aprendimos cada

El tiempo pasó y Pablo me presentó a una hermosa joven, Sheila, a quien conoció en las noches a través de las redes sociales, con quien comenzó una relación de noviazgo. Claro, no era una típica relación, Sheila traía en su haber tres hijos y una vida pasada complicada.

Pablo fue mucho más que un novio, fue quien ayudó, en principio, a Sheila a salir adelante de una complicada historia de familia abandónica y relaciones violentas de pareja.

Pablo dejó embarazada a Sheila... y con todo eso se me vino el mundo abajo, mejor dicho... ¡encima!

Aquel joven, ministro de alabanza, comprometido y

dedicado en servir al Señor, no sólo empeñaba su futuro en una relación complicada, sino que desnudaba las muchas inquietudes que a mí como pastor de la Iglesia me era difícil enfrentar y aún más resolver.

¿Cómo enfrentar situaciones de tal magnitud? ¿Cómo seguir adelante con golpes que el "pecado" trae sobre el "ministerio" y desnuda la realidad de lo que nosotros denominamos Iglesia de Cristo? Esta y otras tantas preguntas venían a mí...

> *¡Estamos embarazados! - dijo Pablo aquel domingo*
> *nublado por la mañana antes de comenzar*
> *nuestro encuentro dominical...*

Así de este modo, con toda la culpa y la vergüenza sobre sus hombros, conocí la "desgracia" de Pablo y Sheila.

Ahora, Pablo no participaba en ningún ministerio público en nuestras ceremonias, ya no tenía notoriedad en nuestras actividades. Así de este modo facilista se acallaban voces interiores que decían: "El que pecó debe pagar por su pecado; debe ser disciplinado, apartado del cargo y hacer banco o en el mejor de los casos ser restaurado".

Pensamientos miles, métodos miles, sugerencias miles, historias miles, vinieron a mi cabeza. Esto desnudó la falta de respuestas de la Iglesia frente al tropiezo y la caída de cualquiera de nosotros. Esto me desnudó a mí... me expuso y me dejó sobre las cuerdas del legalismo.

> *"¡La religión ha matado a más cristianos que el circo*
> *romano!" (#Saulo)*

Pablo no participa más de nada, sólo asiste a nuestras

reuniones... No tiene permitido subirse a la plataforma ni tener ningún tipo de cargo en nuestras prolijas organizaciones.

Pero Pablo cada día sigue orando a Dios, cada día toca a gente y es conmovido por la necesidad de ellos... y a su vez carga con la culpa y frustración de sentirse separado de lo que ama. Ya no toca más la guitarra, ya no canta, tiene temor por no ser aceptado por los que decían ser sus hermanos. Pablo descubrió de golpe que el compromiso de su vida con Dios estaba supeditado a su "irreprensible e inmaculado" estilo de vida.

Pablo ha dejado de ser funcional para la Iglesia, pero ¿ha dejado de serlo para el Reino de Dios?

Hoy, Pablo junto a Sheila han formado una hermosa familia. Pablo se esfuerza cada día por llevar pan a su mesa. Su bebé más los 3 hijos de Sheila no preguntan a que Iglesia asisten, ni que versículo nuevo aprendieron, sólo ven el amor de sus padres y un hogar que con la ayuda de Dios de a poco se va constituyendo. Los tres hijos de Sheila ven a través de Pablo el amor de un Dios real.

En todo ese tiempo Pablo nunca dejó de ser un servidor del cielo bendiciendo a cuanta gente tocaba en su vida cotidiana.

Sé que los religiosos, los que han construido su vida en Cristo en base al mérito, me van a saltar a la yugular. Pero no estoy escribiendo esto como motivo para hacer de la gracia de Dios un permiso para pecar libre y descaradamente, sino para aclarar que nosotros queremos ser más justos y más severos que Dios.

Cuando muchos conozcan esta historia que les cuento, pensarán para sí: - *Claro, este debe ser también uno de ellos...* (que abusa de la gracia de Dios).

Pero quiero aclarar que yo construí una vida de relación con Dios en base a  méritos y demandas que lo único que me hicieron descubrir es que no hay modo ni forma de ser aceptado si no recibo el favor inmerecido del único sacrificio de Jesucristo.

Podría mencionarles que desde niño serví a Dios, que nunca me emborraché, nunca estuve en ningún boliche, llegué virgen al matrimonio y mi primera novia es mi esposa y madre de mis hijos. Pero no es suficiente. No basta, ¡no alcanza!

El problema siempre fue la "plataforma", la visibilidad de aquel que pecó... Ahora si nuestra Iglesia no pasara por un recinto, ni una posición de liderazgo, o por un cargo, nunca esta "desdichada" historia sería motivo de discusión en nuestras comunidades.

Será que hay pecados grandes y pecados chicos. Déjeme ser irónico por un instante...

Yo volvería a mis tiempos de niñez y le diría con mucho énfasis a mi maestro de escuela dominical que en cuanto a la enseñanza del pecado hizo todo mal... Que la vida me enseñó que si hay pecados grandes y chicos, que no es todo lo mismo... Ya que hablar mal de un hermano y ser un "homicida" es menos dañino que tener relaciones pre matrimoniales. Claro, el tener mal pensamiento no lo sabe nadie, pero el bebé que crece en la panza de tu novia

es difícil de esconder.

El mayor pecado que comentemos como Iglesia a diario es dejar por muertos a nuestros propios heridos y seguir arrojando piedras que lastiman más con la culpa y la condenación que el error en sí mismo.

Dios no nos envió a juzgar al mundo, sino a ser amables y a enseñarles a que creyeran en Él. Después Él sabe cómo convencer de pecado.

> *"Porque de tal manera amó Dios al mundo, que ha dado a su Hijo unigénito, para que todo aquel que en Él cree, no se pierda, mas tenga vida eterna.*
>
> *Porque no envió Dios a su Hijo al mundo para condenar al mundo, sino para que el mundo sea salvo por Él.*
>
> *El que en Él cree, no es condenado; pero el que no cree, ya ha sido condenado, porque no ha creído en el nombre del unigénito Hijo de Dios".* **(San Juan 3:16-18)**

La Iglesia necesita entender que el mundo y sus hostilidades tienen que seguir encontrando respuesta en nuestro Evangelio. No somos una secta exclusiva, somos una Iglesia que ama, y entiende que quien convence y transforma es el mismo de siempre... Él no ha cambiado, está entre nosotros, dejémosle actuar.

# 16. Una tijera por favor...

**La religión me cortó el pelo.**

Recuerdo que en mi adolescencia era amigo de Leandro, un personaje pintoresco del barrio si los hay, un loco lindo. No sólo por su forma de conducirse, sino también por el modo en que la gente lo reconocía.

Así por su modo de ser, despertó inquietud por conocerlo y aun llegar a ser su amigo. El fin, darle a conocer a Jesús a través de mi experiencia. No fue fácil, la ingeniería demandó lo mejor de mí.

Llegó el día, Leandro estaba esperándome en la puerta de mi casa para acompañarme para asistir por primera vez a lo que yo tantas veces le había comentado: ir a la Iglesia. Domingo 10 hs. ingresamos juntos a aquel salón donde mi familia y yo nos congregábamos sirviendo a Dios y amando a las personas.

Vaya detalle. Mi abuela Lola lo recibió en la puerta con un expresivo abrazo diciéndole:  - *Leandro, el amor de Dios te recibe en esta mañana.*

Todo ocurrió normalmente esa mañana y nos regresamos a nuestras casas pero con la premisa por descubrir su primera experiencia con la Iglesia.

Pasó la semana muy rápido, llegó el siguiente domingo y

Leandro otra vez me esperaba para asistir a la iglesia.

Mi abuela Lola nuevamente le recibió en la entrada, pero ya no con un abrazo afectuoso, sino con estos interrogantes: - *¿Cuándo te vas a cortar el pelo? ¿Y esos aros? ¿Cuándo te los quitas?*

Preguntas como estas despertaron pensamientos contradictorios para mi amigo y para mí.

El primer domingo el amor de Dios me abrazó tal como llegué y este segundo ¿ya no? - dijo Leandro.

Esta anécdota refleja el empeño de la Iglesia por cambiar lo perceptible en vez de lo imperceptible.

Hemos sido muy puntillosos en revisar el largo de la pollera, el nudo de la corbata y nunca en conocer las motivaciones del corazón.

Tanta severidad superficial metida en nuestras tradiciones evangélicas ha lastimado a tantas personas en vez de conocer en profundidad y ver como Dios mira.

Es el Espíritu Santo quien cambia y convence. Nunca el cristianismo se basó en qué habíamos de vestir, en qué habíamos de comer o beber, etc. El cristianismo consiste en ser amables.

Jesús se juntaba con aquellos que los religiosos despreciaban.

# 17. Y si siempre lo hicimos así

Nadie echa vino nuevo en odre viejo.

> *"Y los discípulos de Juan y los de los fariseos ayunaban; y vinieron, y le dijeron: ¿Por qué los discípulos de Juan y los de los fariseos ayunan, y tus discípulos no ayunan?*
>
> *Jesús les dijo: ¿Acaso pueden los que están de bodas ayunar mientras está con ellos el esposo? Entre tanto que tienen consigo al esposo, no pueden ayunar. Pero vendrán días cuando el esposo les será quitado, y entonces en aquellos días ayunarán.Nadie pone remiendo de paño nuevo en vestido viejo; de otra manera, el mismo remiendo nuevo tira de lo viejo, y se hace peor la rotura.*
>
> *Y nadie echa vino nuevo en odres viejos; de otra manera, el vino nuevo rompe los odres, y el vino se derrama, y los odres se pierden; pero el vino nuevo en odres nuevos se ha de echar."* **(Mateo 2:18-22)**

Este relato nos cuenta acerca de Jesús y las explicaciones que tuvo que dar, si se trata de darlas, en cuanto a los cambios de paradigmas y estrategias que los religiosos del momento no supieron entender.

*"Y nadie echa vino nuevo en odres viejos"*, es una declaración que retumba por los siglos superando las barreras de las generaciones.

Muchas veces hablamos y hacemos lo que las costumbres gritan... Pero no debería ser así. ¡Debemos ser sensibles a la voz de Dios y comprender los tiempos que vivimos!

## El tiempo que Dios se llamó a silencio.

Los 400 años de silencio que separan el Antiguo del Nuevo Testamento bastaron para que las tradiciones y la religiosidad tomaran partido entre lo que hoy definimos como cristianismo y lo que Cristo nos enseñó.

Tristemente los que enseñaban sobre la venida del Mesías, es decir, los fariseos, escribas y maestros de la Ley no supieron reconocer en la persona de Jesús al enviado ni mucho menos sus enseñanzas.

Cuando Dios calla, las tradiciones gobiernan. Necesitamos escuchar a Dios, ya que hay mucho ruido.

Veamos algunos ejemplos:

Samuel no supo reconocer la voz de quien servía.

> *"Y Samuel no había conocido aún a Jehová, ni la palabra de Jehová le había sido revelada.*
>
> *Jehová, pues, llamó la tercera vez a Samuel. Y él se levantó y vino a Elí, y dijo: Heme aquí; ¿para qué me has llamado? Entonces entendió Elí que Jehová llamaba al joven.*

*Y dijo Elí a Samuel: Ve y acuéstate; y si te llamare,
dirás: Habla, Jehová, porque tu siervo oye. Así se
fue Samuel, y se acostó en su lugar.*

*Y vino Jehová y se paró, y llamó como las otras
veces: ¡Samuel, Samuel! Entonces Samuel dijo:
Habla, porque tu siervo oye."* **(1 Samuel 3:7-10)**

El joven Samuel servía todos los días en el templo a quien
una noche lo llamó y no supo reconocerlo. Esta es una
realidad, donde muchas veces servimos a quien no
conocemos.

Elías lo buscaba en el fuego, en el terremoto, y lo encontró
en el silbo apacible.

*"Él le dijo: Sal fuera, y ponte en el monte delante
de Jehová. Y he aquí Jehová que pasaba, y un
grande y poderoso viento que rompía los montes,
y quebraba las peñas delante de Jehová; pero
Jehová no estaba en el viento. Y tras el viento un
terremoto; pero Jehová no estaba en el terremoto.*

*Y tras el terremoto un fuego; pero Jehová no
estaba en el fuego. Y tras el fuego un silbo apacible
y delicado.*

*Y cuando lo oyó Elías, cubrió su rostro con su
manto, y salió, y se puso a la puerta de la cueva. Y
he aquí vino a él una voz, diciendo: ¿Qué haces
aquí, Elías?"* **(1 Reyes 19:11-13)**

Elías esperaba experimentar a Dios de la misma manera
que en épocas anteriores. Pero Dios se le manifestó más

allá de sus experiencias.

Los fariseos no supieron reconocer la voz de Dios en la persona de Jesús.

> *"Dios, habiendo hablado muchas veces y de muchas maneras en otro tiempo a los padres por los profetas, en estos postreros días nos ha hablado por el Hijo, a quien constituyó heredero de todo, y por quien asimismo hizo el universo."*
> **(Hebreos 1:1-2)**

Dios sigue hablando, sigue revelando sus deseos a aquellos que están atentos.

No sigamos insistiendo en métodos buenos pero caducos, Dios se revela a quien le presta su oído.

Si los cristianos hablan lo que las costumbres gritan... ¿Quién nos dirige?

El partido de la historia de la Iglesia es Tradiciones vs. Espíritu Santo.

*"Cuando el formato mata al Espíritu, dejamos de ser Iglesia."*

¡Dios no desecha los odres viejos, pero hay vino nuevo! Seamos maleables, dóciles, conducibles a la dirección de Su Espíritu, si no caeremos en el mismo pecado de aquellos que al ser guiados por las estructuras eclesiásticas dejaron afuera al Señor de la Iglesia.

# 18. Mi reinito

Frente a la realidad que vivimos, ¿es la Iglesia respuesta para el siglo XXI? ¿Cuál es la verdadera inversión? ¿El edificio, el mobiliario, sonido, luces, instrumentos, músicos, buenas butacas, alfombras, baños lujosos, climatización, etc.?

Todo esto puede estar o no, pero lo que nunca nos debería faltar es nuestra pasión por Dios y el amor al prójimo.

Vivimos en un tiempo donde nuestras instalaciones mejoran pero... ¿nuestro cristianismo?

La gente no necesita ver lujosos edificios y programas exquisitos; la gente necesita ver a Cristo.

De un tiempo a la fecha el cristianismo se ha visto embargado en créditos y demandas por financiar... ¿el deseo de quién?

## ¿Qué reino edificamos?

¿No será que estamos edificando nuestro reinito y nos sentimos bien realizados?

La propaganda evidencia la necesidad del reposicionamiento de un producto. Generamos domingo a domingo propuestas interesantes para que "nuestra feligresía" no mengüe y nuestras actividades se colmen.

Que yo sepa, Cristo fue un revolucionario en su tiempo, la gente se agolpaba donde Él llegaba. Eso era una buena noticia.

¿Estaremos invirtiendo mucho en el recipiente y nos estará faltando el contenido?

¿Se trata de hacer adeptos a nuestras instalaciones o bien de extender Su Reino?

## ¿Con o sin *Photoshop*?

> *"Mas le veremos sin atractivo, para que le deseemos tal como es..."* **(Isaías 53:2)**

Hoy nuestros programas y propaganda evangélica están fundados sobre ideas atractivas y programas estratégicos. La actividad de turno gira alrededor del orador, banda de música invitada, tarea a realizar o eventos determinados.

El interés que despierta nuestra participación a tal o cual actividad y aun nuestra difusión y compromiso a la misma ¿es sobre lo rudimentario o lo importante?

Cuando la consigna debería ser Jesús y Su Presencia... todo lo demás, aunque es bueno, nunca debería ser el motor o la motivación para extender y ser parte de Su Reino.

¿Cuál es la motivación que despierta nuestro interés por hacer lo que hacemos?

¿A dónde dirigimos nuestro enfoque?

Si la consigna es parecernos a Jesús, la Iglesia está muy lejos de serlo.

Trabajamos en ser atractivos mediante estrategias, programas, métodos, etc. Todos síntomas de un formato que ya se ha probado miles de veces y siempre nos arrojan los mismos resultados: cansancio, demandas, frustración, rivalidad, rispidez, competencia, etc.

A lo largo de toda la historia el hombre ha trabajado arduamente en la construcción de elementos que nos vincularan con Dios. Así de este modo podemos remitirnos a momentos y detalles de la misma para descubrir que todas esas intenciones tienen el mismo denominador: el esfuerzo y la planificación del hombre para llegar a Él.

La torre de Babel, los diferentes tabernáculos, el templo de Salomón, son algunos de los muchos ejemplos del Antiguo testamento, utilizados como puntos de encuentro en ceremonias para llegar a Dios. Estos demandaban sacrificios, atuendos, ofrendas, utensilios, días especiales, etc., una serie de elementos que Jesús deja de lado cuando nos dice: *"Aquí hay uno mayor que el templo";* así da por finalizada toda buena intención y gestión del hombre.

> *"Pues os digo que uno mayor que el templo está aquí. Y si supieseis qué significa: Misericordia quiero, y no sacrificio, no condenaríais a los inocentes."* **(Mateo12:6-7)**

Si se trata de ser como Jesús, deberíamos pensar si nuestro proceder y lo que venimos haciendo genera en las personas una necesidad o deseo de estar con nosotros tal como somos.

La Iglesia se ha maquillado, el *Photoshop* nos ha corrompido y nos hemos deslizado por un terreno que nos asemeja más a Hollywood que al pesebre donde decidió nacer Jesús.

*"Nunca va a haber lugar en el mesón pero si en el pesebre."*

La Iglesia es un pesebre, ya que en el mesón no hay lugar para salvación. Nuestras armas y estrategias no son carnales ni materiales, sino poderosas en Dios. **(Véase 2 Corintios 10:4)**

Ahora, ¿por qué abreviamos nuestro llamado a un espacio físico, a una hora señalada y un programa bien pensado?

## El tormento de la separación.

*"Yo dormía, pero mi corazón velaba. Es la voz de mi amado que llama: Ábreme, hermana mía, amiga mía, paloma mía, perfecta mía, porque mi cabeza está llena de rocío, mis cabellos de las gotas de la noche.*

*Me he desnudado de mi ropa; ¿cómo me he de vestir? He lavado mis pies; ¿cómo los he de ensuciar? Mi amado metió su mano por la ventanilla, y mi corazón se conmovió dentro de mí. Yo me levanté para abrir a mi amado, y mis*

*manos gotearon mirra, y mis dedos mirra, que corría sobre la manecilla del cerrojo. Abrí yo a mi amado; pero mi amado se había ido, había ya pasado; y tras su hablar salió mi alma.*

*Lo busqué, y no lo hallé; lo llamé, y no me respondió. Me hallaron los guardas que rondan la ciudad; me golpearon, me hirieron; me quitaron mi manto de encima los guardas de los muros. Yo os conjuro, oh doncellas de Jerusalén, si halláis a mi amado, Que le hagáis saber que estoy enferma de amor"*. **(Cantares 5:2-8)**

La Iglesia se ha maquillado, adornado; se ha vuelto diseñadora de "la presencia", la presencia de Jesús tiene Photoshop.

Algo se ha perdido... ¿Hemos dejado al Señor de la obra afuera?

# 19. No hay huellas

*"Y luego que Faraón dejó ir al pueblo, Dios no los llevó por el camino de la tierra de los filisteos, que estaba cerca; porque dijo Dios: Para que no se arrepienta el pueblo cuando vea la guerra, y se vuelva a Egipto.*

*Mas hizo Dios que el pueblo rodease por el camino del desierto del Mar Rojo. Y subieron los hijos de Israel de Egipto armados.*

*Tomó también consigo Moisés los huesos de José, el cual había juramentado a los hijos de Israel, diciendo: Dios ciertamente os visitará, y haréis subir mis huesos de aquí con vosotros.*

*Y partieron de Sucot y acamparon en Etam, a la entrada del desierto.*

*Y Jehová iba delante de ellos de día en una columna de nube para guiarlos por el camino, y de noche en una columna de fuego para alumbrarles, a fin de que anduviesen de día y de noche.*

*Nunca se apartó de delante del pueblo la columna de nube de día, ni de noche la columna de fuego."*
**(Exodo13:17-22)**

## ¡El camino no conocido!

La historia del pueblo de Dios está delimitada por acontecimientos que evidenciaban la falta de sumisión y dependencia a quien ellos consideraban su Rey y proveedor.

Este texto siempre ha desafiado mi vida; en él he encontrado gran similitud en el comportamiento de aquel pueblo y el actual, en referencia a la pérdida del control sobre situaciones que nos superan. Y en lugar de generar mayor dependencia de Dios, nos volvemos seres sistemáticos y auto dependientes buscando la respuesta en nuestro proceder habitual.

*"Dios no los llevó por el camino de la tierra de los filisteos, que estaba cerca…"*

Que gran detalle se esconde en estas simples palabras. Pero ¡qué profundos interrogantes deben despertar en estos tiempos en la vida de aquellos que buscamos cada día no sólo vivir de acuerdo al propósito y llamado de Dios, sino también asumir que nuestro caminar deja huella para aquellos que necesitan modelos a seguir!

Dios trae liberación de 400 años de esclavitud a Su nación y no los conduce por el camino de los filisteos, un camino cercano, sino que los conduce por un camino totalmente desconocido para ellos. ¿Para qué? ¿Cuál era la lección que quería que aprendieran?

El secreto era Su presencia manifiesta en ellos a través de una nube de día y una columna de fuego por las noches.

Quien alguna vez se ha metido en caminos de tierra, sabe que en los días de muchas lluvias necesita transitarlo por donde hay huella, ya que uno corre el peligro de empantanarse y quedarse varado hasta la mejora del clima o el auxilio de alguien. De igual modo ocurre en este caminar por Fe, donde hemos acudido a lo seguro, a lo formal, a lo siempre establecido y bien conocido. Aun sabiendo que las experiencias hoy vividas están más relacionadas a conceptos que hemos heredados y aprendido correctamente, que a lo que Dios se ha propuesto hacer a través de nosotros en este nuevo tiempo.

Estamos viviendo épocas pantanosas, como sociedad, en todos sus aspectos. Cuesta hacer base firme y caminar con certeza cuando vemos que todo se derrumba, la familia, los valores, la educación, la moral, etc. Pero al igual que en la liberación de Egipto, Dios nos reta a transitar caminos no conocidos para nuestras tradiciones cristianas, pero efectivas y llenas de dependencia a Su Espíritu Santo produciendo frutos para la extensión de Su Reino.

La Iglesia necesita una plena revisión en sus prácticas. Así como en Europa existe el movimiento de los "indignados", hay un sinfín de personas que están bajo el rotulo de "rebeldes" por no conciliar con las viejas costumbres y prácticas de nuestras comunidades.

¿Nadie quiere pagar el precio?

¿Quién se atreverá a salir del molde?

El "formato" se apoderó de nuestras comunidades. Es más sencillo mantenerse dentro de nuestras costumbres sin preguntarnos qué está pasando entre nosotros que no logramos traspasar nuestra caja evangélica y afectar a nuestra sociedad.

Pero Dios está despertando a valientes, hombres y mujeres sensibles a Su voz dispuestos a embarrarse, aunque reciban críticas de los que defienden a ultranza las tradiciones y costumbrismos y a recibir palos del enemigo, por cambiar la realidad de sus vidas y seguir siendo relevantes para un mundo que necesita conocer del amor de Jesús.

El camino largo es estar dispuesto a romper con todo lo conocido, a ser dependientes del Espíritu Santo, a salir de los ámbitos que frecuentamos, a hablar el idioma de la necesidad, a quitarnos las ropas de realeza y ponernos el overol con el único fin de volver a experimentar el poder del amor y ver con nuestros propios ojos las maravillas que Dios está dispuesto a seguir haciendo.

De un tiempo a la fecha, muchas cosas han ocurrido en mi vida ministerial que han sacudido los cimientos de lo que yo practicaba y enseñaba como Iglesia. Dios ha estado movilizando e incomodando mi vida produciendo un cierto "inconformismo" al punto de repeler todo lo que yo consideraba como tal.

Dios ha desarraigado doctrinas y fundamentos que estaban más alineados para vivir nuestra Fe dentro de la "caja", que para poder estar donde Él caminaría en estos tiempos.

No ha terminado ese proceso, no es fácil y es doloroso, pero prefiero caminar por el camino largo y no conocido y estar fuertemente aferrado a su mano que seguir las huellas de una religión ortodoxa y muerta.

*"Como viento recio después de la tormenta, el Espíritu Santo arrasa con toda tradición religiosa."*

# 20. Edificar Su Iglesia

Vamos desmantelando el edificio para edificar Su Iglesia.

Necesitamos comprender que "somos Iglesia", no edificada bajo el antiguo pacto, sino guiados por la dirección del Espíritu Santo en todo lugar.

Esto es mucho más que una mudanza de objetos que hacen a un sistema que funciona bajo programas y estrategias para ganar adeptos cada domingo. Es vivir bajo la plena certeza de que quien nos dirige es Él, más allá de un edificio, plataformas, púlpitos, sistemas de sonidos, músicos, oradores exquisitos, etc.

Desafortunadamente creemos que la Iglesia es el desarrollo de un continuo y estudiado proyecto de mercadeo, fundado sobre una logística y planificación humana la cual produce presión, frustración y una pesada carga emotiva.

¿Trabajamos para llenar edificios o extender Su Reino? ¿Vivimos para edificar Su Reino o establecer nuestro reinito?

### ¿Cómo funcionamos?

Jesús nos dejó su Espíritu Santo. Bajo el antiguo pacto, se

establecía un sistema jerárquico, verticalista y posicional, con funciones finamente detalladas, mas ahora todos somos sacerdotes con acceso al trono de Dios.

¿No deberíamos repensar la Iglesia?

Siempre alentamos a los hermanos a tener pasión por Dios, cuando Dios nos pregunta: ¿cuándo vas a tener pasión por tu prójimo?

¿Cuándo fue que nos olvidamos de ayudar al anciano, entender al niño, acompañar al inválido y socorrer al débil?

Bajar los decibeles, disminuir el volumen para empezar a escucharnos.

Entender que nuestra comunidad es un recinto para el necesitado.

Existe un espacio en nuestra sociedad que la Iglesia ha descuidado. Ese es el lugar donde debemos estar.

Podemos desmitificar nuestro culto al entender que cada realidad que se nos presenta es una plataforma para que la gente conozca al Jesús que predicamos y vivimos.

*"Dios no necesita una casa; la gente, sí. Desmantelemos los templos, edifiquemos hogares."*

La obra de Jesús es mucho más simple que la construcción de tediosos y temporales edificios

¡Qué ironía: mientras Jesús se despojó, los cristianos se llenan y se llenan...!

# 21. Evangelio o industria

*"No viene Dante, no viene Ale, no viene Lucas, no viene*
*German, no viene Marco ni Marcos ni Marcos, no viene*
*Christine, no viene Ulises ni Fabián, no viene Facu, no*
*viene... ¡Viene Jesús!" (#MasQueSuficiente*
*#PassionDay2016)*

Decía el cartel de aquel banner detalladamente diseñado.

Si las expectativas están puestas en el orador, la banda, o el programa... tristemente dejamos de celebrar lo importante para introducirnos lentamente en el mercadeo de la industria. ¿Evangelio o industria?

Ya probamos con luces, sonido, plataforma, máquina de humo, fiestas de disfraces, etc., que no está mal, pero... ¿y si probamos con Su Espíritu?

## ¿Enviada o entretenida?

*"Dios no nos llamó para ir a la Iglesia, sino para hacer*
*discípulos."*

¿Será que la Iglesia es una fábrica de entretenimientos?

*"Porque si estamos locos, es para Dios; y si somos*
*cuerdos, es para vosotros. Porque el amor de*
*Cristo nos constriñe, pensando esto: que si uno*
*murió por todos, luego todos murieron; y por*

*todos murió, para que los que viven, ya no vivan para sí, sino para aquel que murió y resucitó por ellos."* **(2 Corintios 5:13-15)**

¿Cuándo perdimos el enfoque como Iglesia?

De un tiempo a la fecha, los desafíos e inversiones de la Iglesia han pasado más por ingredientes y elementos que nos entretienen y nos deslumbran que por realzar nuestra misión como cristianos.

El apóstol Pablo nos recuerda que el haber pasado por la cruz nos posiciona indefectiblemente en una carretera con una sola dirección, que es vivir para aquel que murió por nosotros.

Trazamos millones de propuestas año a año y planificación detallada para cada área de nuestras congregaciones con el fin de seguir conservando el número de asistentes a nuestras actividades. Como quien recluta dulces en la caramelera. Invertimos y financiamos mejores instalaciones y ¿qué de nuestra misión?

Hemos olvidado nuestro llamado, cambiando nuestra cordura por la locura de Dios amando a la gente. No somos llamados para entretenernos, sino para ser enviados.

No somos una industria de buenos espectáculos, no somos ideólogos de excelentísimos proyectos y estratégicas visiones. Somos la luz que alumbra en la oscuridad. Somos la iglesia de Jesucristo, somos la novia del cordero. Tenemos un llamado, contamos con Su respaldo y Su poder, vaya detalle...

# 22. La gran "omisión"

Hoy parece relevante la tarea del pastor y maestro, ni hablar de la del apóstol y profeta. Aunque en nuestras congregaciones sobran músicos, ¿y evangelistas?, ¿pasaron de moda?

> *"El Espíritu de Jehová el Señor está sobre mí, porque me ungió Jehová; me ha enviado a predicar buenas nuevas a los abatidos, a vendar a los quebrantados de corazón, a publicar libertad a los cautivos, y a los presos apertura de la cárcel; a proclamar el año de la buena voluntad de Jehová, y el día de venganza del Dios nuestro; a consolar a todos los enlutados; a ordenar que a los afligidos de Sion se les dé gloria en lugar de ceniza, óleo de gozo en lugar de luto, manto de alegría en lugar del espíritu angustiado; y serán llamados árboles de justicia, plantío de Jehová, para gloria suya.*
>
> *Reedificarán las ruinas antiguas, y levantarán los asolamientos primeros, y restaurarán las ciudades arruinadas, los escombros de muchas generaciones."* **(Isaías 61:1-4)**

Si la Iglesia no ocupa el oficio al que fue llamado, ¿quién lo hará?

Sólo nosotros tenemos el respaldo, la autoridad y el mandato de ser los Cristos en cada circunstancia que la vida nos propone.

Sin una clara identidad, perdemos de vista el rumbo y el sentido de vida.

Jesús tomó las palabras del profeta Isaías y comenzó a actuar conforme a su identidad (véase Lucas 4:18-19) entendiendo el cumplimiento del tiempo.

Ahora con el nacimiento de Jesús, entramos en un nuevo pacto, la gracia ha sido derramada sobre todos sus hijos, y junto con ella una misión y un respaldo.

Es tiempo de que el Espíritu Santo vuelva a guiar a Su Iglesia y volvamos a reedificar ruinas, levantar asolamientos, restaurar ciudades y escombros de muchas generaciones. ¿No te parece?

No necesitamos nada más que Su Poder y dirección. Dios está restaurando la identidad de la Iglesia que se ha ido tras un sistema, estrategias o la industria y ha dejado de tomar la autoridad que del cielo le ha sido entregada.

Vamos a ver sanidades, liberaciones de espíritus del infierno, vamos a llenar las escuelas y los trabajos de Su gloria.

Cuando perdemos de vista nuestra identidad, perdemos todo.

El enemigo ha intimidado a la Iglesia haciéndonos creer que lo mejor ya pasó, que la Iglesia necesita de altos presupuestos, planificación y estrategias previamente

pensadas, instalaciones *aggiornadas* y no sé cuántas cosas más que se han vuelto tediosas y nos han mantenido fuera de foco.

> *"Entonces respondió y me habló diciendo: Esta es palabra de Jehová a Zorobabel, que dice: No con ejército, ni con fuerza, sino con mi Espíritu, ha dicho Jehová de los ejércitos."* **(Zacarías 4:6)**

Cada día que enfrentamos, podemos reconocer su dirección. Es tiempo de alistarnos al cielo. Es tiempo de ser sus manos, su voz. Este es el tiempo, ¡este es el lugar!

Para no seguir llevando adelante la gran "omisión", necesitamos despertar a esta generación.

Dios está despertando el corazón de la iglesia por aquellos que se pierden cada día. Despierta.

# 23. La cajita feliz

No se trata de grandes presupuestos, ni de estrategias de avanzadas, no se necesitan muchos voluntarios ni grandes inversiones; sólo hace falta un corazón dispuesto y una voluntad permeable al corazón de Dios.

Dios está despertando el Espíritu de Jesús en esta generación que está volviendo a las calles, a los colectivos, en los trenes, en las escuelas, donde cada oportunidad es una plataforma de cientos de personas que sin un sistema de sonido, ni una banda de músicos ni un exquisito predicador, están testificando de un Dios poderoso que sigue transformando a aquel que lo recibe como su Salvador y Señor.

> *"¡Vamos ahora! los que decís: Hoy y mañana iremos a tal ciudad, y estaremos allá un año, y traficaremos, y ganaremos; cuando no sabéis lo que será mañana. Porque ¿qué es vuestra vida? Ciertamente es neblina que se aparece por un poco de tiempo, y luego se desvanece.*
>
> *En lugar de lo cual deberíais decir: Si el Señor quiere, viviremos y haremos esto o aquello.*
>
> *Pero ahora os jactáis en vuestras soberbias. Toda jactancia semejante es mala; y al que sabe hacer lo bueno, y no lo hace, le es pecado."* **(Santiago**

**4:13-17)**

Desde hace un tiempo a la fecha, pareciera que el trabajo de equipo en cuanto a planificación de liderazgo está únicamente enfocado en "ganar". Todo es ganar. Me resulta interesante lo que escribe Santiago en cuanto a lo que es la vida y los proyectos de la misma. ¿Será que el motor que nos conduce es el deseo de auto realizarnos?

Todo pareciera decirnos que sí. Que estar al mando de nuestros proyectos y tener el control del mismo nos han desviado de la comisión de Jesús para introducirnos sutilmente en caminos de soberbia.

Las cadenas de restaurantes de comidas rápidas han logrado estrategias comerciales exitosas para convocar por día a millones de familias a sus instalaciones, al punto que los padres, a la hora de planificar un almuerzo o cena, plantean el debate y sus niños terminan convenciéndolos de asistir a tales lugares.

El producto es un sencillo menú que consta de una hamburguesa, unas papas fritas y un refresco. El atractivo se encuentra en el juguete que acompaña cada semana variando de acuerdo a las grandes propuestas de la industria cinematográfica de Hollywood, todo esto dentro de un *packaging* llamado Cajita Feliz.

La Iglesia no dista mucho de esto.

¿El menú es alimento sólido o es una breve vianda que satisface pero no alimenta?

Los artilugios y elementos utilizados son esos juguetitos que la industria nos propone para seguir en la danza del

sistema que no hace otra cosa que distraernos de lo importante.

La Iglesia nunca fue llamada a convocar adeptos ni hacer miembros, sino a extender Su Reino.

¿Cuándo fue que trocamos sus deseos de extensión por nuestro sentido de comodidad y pertenencia?

¿Cuándo dejamos de sentir como Jesús cuando vio a las multitudes?

Mientras no salgamos de la cajita, no sentiremos compasión por lo que Jesús se incomodó.

Mientras sigamos entrenándonos y capacitándonos dentro de la "caja", seguiremos desarrollando "la gran omisión".

¿Por qué invertimos millones de "intenciones" en detalles que hacen a artilugios y descuidamos la herramienta más importante que es la dirección divina del Espíritu Santo? (Vale recordar que es quien convence y transforma.)

La Iglesia nunca se desarrolló tanto como cuando Dios utilizó las botas romanas en la persecución para extender la buena noticia.

Si nuestro Evangelio depende pura y exclusivamente de estrategias "vanguardistas" de la industria, hemos abreviado Su poder simplemente a cosas banales y reducido su grandeza a emociones temporales.

Ya probamos con mega plataformas, luces, sonido,

máquina de humo, excelentes bandas de música y tremendos oradores, (todo bueno) pero... y, ¿si le damos lugar a Él?

"Jehová y la apostasía de Israel. *Vino a mí palabra de Jehová, diciendo: Anda y clama a los oídos de Jerusalén, diciendo: Así dice Jehová: Me he acordado de ti, de la fidelidad de tu juventud, del amor de tu desposorio, cuando andabas en pos de mí en el desierto, en tierra no sembrada.*

*Santo era Israel a Jehová, primicias de sus nuevos frutos. Todos los que le devoraban eran culpables; mal venía sobre ellos, dice Jehová. Oíd la palabra de Jehová, casa de Jacob, y todas las familias de la casa de Israel. Así dijo Jehová: ¿Qué maldad hallaron en mí vuestros padres, que se alejaron de mí, y se fueron tras la vanidad y se hicieron vanos?*

*Y no dijeron: ¿Dónde está Jehová, que nos hizo subir de la tierra de Egipto, que nos condujo por el desierto, por una tierra desierta y despoblada, por tierra seca y de sombra de muerte, por una tierra por la cual no pasó varón, ni allí habitó hombre?*

*Y os introduje en tierra de abundancia, para que comieseis su fruto y su bien; pero entrasteis y contaminasteis mi tierra, e hicisteis abominable mi heredad.*

*Los sacerdotes no dijeron: ¿Dónde está Jehová? y los que tenían la ley no me conocieron; y los pastores se rebelaron contra mí, y los profetas*

*profetizaron en nombre de Baal, y anduvieron
tras lo que no aprovecha.*

*Por tanto, contenderé aún con vosotros, dijo
Jehová, y con los hijos de vuestros hijos pleitearé.
Porque pasad a las costas de Quitim y mirad; y
enviad a Cedar, y considerad cuidadosamente, y
ved si se ha hecho cosa semejante a esta.*

*¿Acaso alguna nación ha cambiado sus dioses,
aunque ellos no son dioses? Sin embargo, mi
pueblo ha trocado su gloria por lo que no
aprovecha. Espantaos, cielos, sobre esto, y
horrorizaos; desolaos en gran manera, dijo
Jehová.*

*Porque dos males ha hecho mi pueblo: me dejaron
a mí, fuente de agua viva, y cavaron para sí
cisternas, cisternas rotas que no retienen agua."*
***(Jeremías 2:1-13)***

El texto del verso 13 resume el sentir de Dios por su
nación.

Volver a Dios no es sólo una cuestión de formas, sino de
fondo. Establecer objetivos ministeriales "exitosos" y
estrategias "vanguardistas" nunca debería hacernos caer
en el sistema corrompido del mundo y tendencias de la
industria de entretenimientos.

# 24. Proceso o suceso

De un tiempo a la fecha y para el asombro, no paro de escuchar desde los púlpitos la palabra "éxito". Y aunque en sí misma esta palabra no tiene nada de malo, el peligro está en provocar un constante sentimiento de frustración en esta y próximas generaciones, lo cual me desvela y me conduce a reflotar y subrayar historias que la Biblia nos cuenta acerca de hombres que agradaron a Dios aunque nunca alcanzaron determinado y apremiante suceso.

Qué podríamos decir de Jesús, multitudes lo aclamaban y murió solo en un madero. Qué más del apóstol Pablo, cuando nos declara: "Regocijaos en el Señor siempre".

> *"Así que, hermanos míos amados y deseados, gozo y corona mía, estad así firmes en el Señor, amados. Ruego a Evodia y a Síntique, que sean de un mismo sentir en el Señor. Asimismo te ruego también a ti, compañero fiel, que ayudes a éstas que combatieron juntamente conmigo en el Evangelio, con Clemente también y los demás colaboradores míos, cuyos nombres están en el libro de la vida.*
>
> *Regocijaos en el Señor siempre. Otra vez digo: ¡Regocijaos! Vuestra gentileza sea conocida de todos los hombres. El Señor está cerca. Por nada estéis afanosos, sino sean conocidas vuestras*

*peticiones delante de Dios en toda oración y ruego, con acción de gracias. Y la paz de Dios, que sobrepasa todo entendimiento, guardará vuestros corazones y vuestros pensamientos en Cristo Jesús.*

*En esto pensad. Por lo demás, hermanos, todo lo que es verdadero, todo lo honesto, todo lo justo, todo lo puro, todo lo amable, todo lo que es de buen nombre; si hay virtud alguna, si algo digno de alabanza, en esto pensad. Lo que aprendisteis y recibisteis y oísteis y visteis en mí, esto haced; y el Dios de paz estará con vosotros.*

*En gran manera me gocé en el Señor de que ya al fin habéis revivido vuestro cuidado de mí; de lo cual también estabais solícitos, pero os faltaba la oportunidad. No lo digo porque tenga escasez, pues he aprendido a contentarme, cualquiera que sea mi situación. Sé vivir humildemente, y sé tener abundancia; en todo y por todo estoy enseñado, así para estar saciado como para tener hambre, así para tener abundancia como para padecer necesidad.*

*Todo lo puedo en Cristo que me fortalece. Sin embargo, bien hicisteis en participar conmigo en mi tribulación."* **(Filipenses 4:1-14)**

Un hombre que había aprendido a contentarse cualquiera fuera su situación. ¡Impresionante!

La tendencia crece cuando vemos u oímos historias cargadas de sentimentalismos induciendo a la Iglesia a

vivir un estilo de cristianismo sin compromiso, una vida sin costos por pagar.

Siempre oímos la parte linda de la historia, pero no estamos dispuesto a asumir el precio de ella. Por lo cual vemos una generación de cristianos con mochilas de frustración a causa de no tener frutos. Pero lo más triste es que estamos saturados de Padres abandónicos y sin compromiso hacia sus responsabilidades. Hombres sin carácter en cuanto a sus trabajos y tareas en el hogar. Mujeres que piensan más en su cosmética que en sus labores domésticas. Jóvenes que no maduran y se desarrollan sin asumir compromisos laborales, formar familias, etc. Sólo por el hecho de pensar en el mañana se olvidan del compromiso de hoy.

Nuestros héroes no son los que figuran en las primeras planas de los diarios ni aparecen en los canales de TV. La Biblia dice sobre aquellos que merecen nuestro reconocimiento: "El mundo no era digno de ellos".

> *"¿Y qué más digo? Porque el tiempo me faltaría contando de Gedeón, de Barac, de Sansón, de Jefté, de David, así como de Samuel y de los profetas; que por Fe conquistaron reinos, hicieron justicia, alcanzaron promesas, taparon bocas de leones, apagaron fuegos impetuosos, evitaron filo de espada, sacaron fuerzas de debilidad, se hicieron fuertes en batallas, pusieron en fuga ejércitos extranjeros.*
>
> *Las mujeres recibieron sus muertos mediante resurrección; mas otros fueron atormentados, no*

*aceptando el rescate, a fin de obtener mejor resurrección. Otros experimentaron vituperios y azotes, y a más de esto prisiones y cárceles. Fueron apedreados, aserrados, puestos a prueba, muertos a filo de espada; anduvieron de acá para allá cubiertos de pieles de ovejas y de cabras, pobres, angustiados, maltratados; de los cuales el mundo no era digno; errando por los desiertos, por los montes, por las cuevas y por las cavernas de la tierra.*

*Y todos estos, aunque alcanzaron buen testimonio mediante la Fe, no recibieron lo prometido; proveyendo Dios alguna cosa mejor para nosotros, para que no fuesen ellos perfeccionados aparte de nosotros."* **(Hebreos 11:32-40)**

Disfrutar y aceptar los procesos es madurar, es entender que estamos viviendo en el tiempo y la realidad que Dios ha dispuesto, que tenemos que ponerle ganas y la mejor sonrisa aunque nuestros días sean nublados.

*"Aquel que comenzó la buena obra, será fiel en completarla."* **(Filipenses 1:6)**

La vida no consiste tanto en el suceso (éxito), sino más bien en proceso.

Si no entendemos tal concepto, vivimos bajo un sentimiento constante de frustración.

Disfrutemos los procesos aferrados de la mano de Aquel que siempre nos conduce a delicados pastos.

*"No fuimos llamados a tener éxito, sino a ser fieles a Dios."*

# 25. El cristianismo de Cristo

La Iglesia del Nuevo Testamento tiene "distinción" de ministerios, tales como apóstol, profeta, evangelista, pastores y maestros; pero no basada sobre posiciones de jerarquía y liderazgo, sino de funciones.

> *"Y Él mismo constituyó a unos, apóstoles; a otros, profetas; a otros, evangelistas; a otros, pastores y maestros, a fin de perfeccionar a los santos para la obra del ministerio, para la edificación del cuerpo de Cristo, hasta que todos lleguemos a la unidad de la Fe y del conocimiento del Hijo de Dios, a un varón perfecto, a la medida de la estatura de la plenitud de Cristo; para que ya no seamos niños fluctuantes, llevados por doquiera de todo viento de doctrina, por estratagema de hombres que para engañar emplean con astucia las artimañas del error, sino que siguiendo la verdad en amor, crezcamos en todo en aquel que es la cabeza, esto es, Cristo, de quien todo el cuerpo, bien concertado y unido entre sí por todas las coyunturas que se ayudan mutuamente, según la actividad propia de cada miembro, recibe su crecimiento para ir edificándose en amor."*
> **(Efesios 4:11-16)**

## Perdimos el pelo, no las mañas...

Nuestra realidad como Iglesia se asemeja mucho a la iglesia católica donde hay una gran distancia entre el clero y el laico. Como si hubiera "hombres sagrados".

*"El viejo hombre es el fundador de la religión organizada. La religión organizada se construye sobre rituales y jerarquías humanas. Por contraste, el cristianismo comenzó siendo orgánico. Pero con el paso del tiempo, adoptó la estructura jerárquica del Imperio Romano. Todas nuestras denominaciones han adoptado la misma estructura organizacional. Esa estructura se puede trazar hasta el viejo hombre. Originalmente provino de los babilonios y luego fue pasada a las otras culturas, incluyendo la romana.*

*El nuevo hombre es un organismo espiritual, no una organización institucional. Es un cuerpo orgánico. Por lo tanto, el eterno propósito de Dios está envuelto en la creación del hombre nuevo."* (Frank Viola)

El nuevo pacto a través de Jesucristo coloca énfasis en las funciones y no en oficios. ¡Enfatiza más la tarea que los títulos! Es decir, enfatiza más en los verbos que en los sustantivos.

Es hora de entender que somos sacerdotes para con Dios y con la gente y fuimos llamados para tener comunión con Él y edificarnos mutuamente de acuerdo a las funciones y dones que cada uno ha recibido.

*"Mas vosotros sois linaje escogido, real sacerdocio, nación santa, pueblo adquirido por*

*Dios, para que anunciéis las virtudes de aquel que os llamó de las tinieblas a su luz admirable."* **(1 Pedro 2:9)**

*"Y nos hizo reyes y sacerdotes para Dios, su Padre; a Él sea gloria e imperio por los siglos de los siglos. ¡Amén!* **(Apocalipsis 1:6)**

*"Cuando volvemos a la Palabra de Dios y la leemos de nuevo, vemos que la profesión clerical aparece como resultado de nuestra cultura humana y la historia, y no del propósito de Dios para la Iglesia. Es simplemente imposible construir una justificación bíblica defendible para la institución del clero tal como lo conocemos."* (Christian Smith)

La Iglesia, en su mayoría, carece del modelo original de aquellos primeros cristianos que "trastornaron" al mundo de por aquel entonces. El sentido de comunidad era una realidad que se respiraba a diario entre aquellas personas que iban llegando conforme a lo que Dios iba añadiendo. El formato de Iglesia de hoy nada tiene que ver con aquellos primeros pasos. Verticalista, posicional, jerárquica y estructurada; es la evidencia de la manipulación del hombre que ha perdido la dirección del Espíritu y ha sido conducido por tradiciones que no nacen de Dios, sino de una naturaleza caída del hombre que busca revancha dentro de nuestras filas habiendo fracasado en su antigua manera de vivir.

Es por eso que encontramos dentro de nuestras comunidades tantos celos, divisiones, pleitos, competencia. Todo fruto de un formato que nada tiene que ver con la Iglesia de Jesucristo.

Llegamos a Cristo para redimir nuestra antigua manera de vivir y dejar de lado nuestras ansias de realización personal y ser adoptados como hijos y parte de una familia donde quien manda y dirige es Él.

## ¡Despierta Iglesia!

*"El sistema clerical moderno constituye un aparato religioso que no tiene bases bíblicas. Este sistema llevó al cuerpo de Cristo a convertirse en una audiencia, debido a que se apoya fuertemente en un único líder. Transformó a la Iglesia en un lugar en el que los cristianos observan cómo actúan los profesionales. Cambió la Santa Congregación en un centro para el uso profesional del púlpito, sustentado por espectadores laicos."* (Frank Viola)

*"Porque tú dices: Yo soy rico, y me he enriquecido, y de ninguna cosa tengo necesidad; y no sabes que tú eres un desventurado, miserable, pobre, ciego y desnudo. Por tanto, yo te aconsejo que de mí compres oro refinado en fuego, para que seas rico, y vestiduras blancas para vestirte, y que no se descubra la vergüenza de tu desnudez; y unge tus ojos con colirio, para que veas.*

*Yo reprendo y castigo a todos los que amo; sé, pues, celoso, y arrepiéntete. He aquí, yo estoy a la puerta y llamo; si alguno oye mi voz y abre la puerta, entraré a él, y cenaré con él, y él conmigo.*

*Al que venciere, le daré que se siente conmigo en mi trono, así como yo he vencido, y me he sentado con mi Padre en su trono. El que tiene oído, oiga lo*

*que el Espíritu dice a las iglesias."* **(Apocalipsis 3:17-22)**

Tantas veces hemos mencionado este texto acerca de invitar a aquellos que no han recibido a Cristo en su vida, como manual de usos y costumbres, pero el énfasis del apóstol es otro y nada tiene que ver con entregarse a Cristo, sino de devolverle el lugar que le corresponde como cabeza de la Iglesia.

Tantos modismos arraigados en nuestra cultura que hemos dejado al Señor de la obra afuera.

Es hora de invitar al Señor a que tome su lugar, y dejar de tener nosotros el mando de "la obra".

Si se trata de ser inteligentes, reconozcamos que separado de su dirección y no siendo maleables a su voluntad estaremos viviendo un cristianismo sin Cristo.

> *"El liderazgo genera competencia, el servicio compañerismo."*

Somos obreros del Señor, lo demás es otro cantar que no tiene nada que ver con la Iglesia de Jesucristo.

¡A Él sea la Gloria!

# 26. Evangélicos o cristianos

¿Cuándo dejamos ser cristianos para comenzar a llamarnos evangélicos?

Parece un simple o pequeño detalle la inquietud, pero marca una gran diferencia en la vida de aquellos que comprenden su contraste.

Nuestra "cristiandad" se ha vuelto perezosa, cómoda, sentimentalista, crítica, etc., cuando Cristo nos enseñó otro estilo de vida. A través de su vida reflejó su entrega, su vocación de servicio, su compasión a fin de cumplir con su propósito. Hoy pareciera que nuestra vocación está sujeta al clima, la distancia, el lugar, la locomoción, etc.

> *"Haya, pues, en vosotros este sentir que hubo también en Cristo Jesús, el cual, siendo en forma de Dios, no estimó el ser igual a Dios como cosa a que aferrarse, sino que se despojó a sí mismo, tomando forma de siervo, hecho semejante a los hombres; y estando en la condición de hombre, se humilló a sí mismo, haciéndose obediente hasta la muerte, y muerte de cruz."* **(Filipenses 2:5-8)**

La diferencia está entre los que viven buscando las buenas noticias y aquellos que las generan con sus estilos de vida.

*"Haya, pues, en vosotros este sentir que hubo también en*

*Cristo Jesús"*, es mucho más que una frase épica o excelente titulo de predicación dominical, es el continuo ejercicio que el cristianismo de Cristo se refleja a diario.

Como ya lo he mencionado, y no me canso de repetirlo, somos muy románticos, nos emocionamos, pero estamos muy lejos de aquellos que habiéndolo dejado todo lo siguieron.

El evangélico corre tras las buenas noticias, el cristiano las practica.

> *"Había ciertos griegos entre los que habían subido a adorar en la fiesta. Estos, pues, se acercaron a Felipe, que era de Betsaida de Galilea, y le rogaron, diciendo: Señor, quisiéramos ver a Jesús.*
>
> *Felipe fue y se lo dijo a Andrés; entonces Andrés y Felipe se lo dijeron a Jesús.*
>
> *Jesús les respondió diciendo: Ha llegado la hora para que el Hijo del Hombre sea glorificado.*
>
> *De cierto, de cierto os digo, que si el grano de trigo no cae en la tierra y muere, queda solo; pero si muere, lleva mucho fruto.*
>
> *El que ama su vida, la perderá; y el que aborrece su vida en este mundo, para vida eterna la guardará. Si alguno me sirve, sígame; y donde yo estuviere, allí también estará mi servidor. Si alguno me sirviere, mi Padre le honrará"*. **(San Juan 12:20-26)**

¿Pasó de moda? ¿Es una locura morir por Cristo?

Vale la pena señalar que los que querían ver a Jesús no eran cualquier persona, eran griegos; personas que, por cultura, eran destacados en grandes espectáculos de teatros, olimpiadas y demás actividades. Pero tenían la necesidad de ver lo que estaba ocurriendo.

Al igual que en aquellos tiempos, hoy, muchas personas se acercan para ver lo que ocurre, pero pocos quieren involucrarse en la tarea.

Jesús nos da una enseñanza que hoy necesitamos aprender más que nunca.

La Iglesia se ha convertido en un escenario donde cada domingo miles de personas acuden con el fin de consumir un producto que no afecta más allá de las paredes de aquel auditorio. Como quien paga un ticket para ver un espectáculo y se llena de un "énfasis" que con el correr las horas se va apagando o desvaneciendo.

Pero Jesús redobla la apuesta diciéndoles: *"Si alguno me sirviere, mi Padre le honrara"*.

No cabe duda que esto desnuda una realidad que no sólo se manifestaba en los tiempos de Jesús, sino también en estos, donde hay muchos espectadores y consumidores de espectáculos, pero pocos productores y hacedores de historia.

La Iglesia fue diseñada por Dios para compartir a través de hombres y mujeres  Su gracia en los ámbitos que la misma sociedad desprecia y descuida. Jesús vino para lo vil y menospreciado del mundo.

No hay "honra" en ser espectadores y consumidores de excelentísimos productos elaborados. La diferencia está en descubrir que aun lo sencillo e insignificante para el mundo puesto al servicio del Reino produce una sonrisa en el rostro de Dios.

¿Qué somos?

## ¿Espectadores de lujos u ordinarios sirvientes?

¡Deja de ser un espectador y comienza a servir a Dios!

Hay mucha necesidad... ¡hay mucho por hacer!

No somos convocados para ser entretenidos, no somos alistados para nuestra comodidad. Fuimos comprados por precio de sangre para reconciliar al mundo con Dios, se nos encomendó la tarea de ir por todo el mundo y proclamar, sanar, echar fuera demonios, orar por los enfermos, dar vista a los ciegos, desatar a los oprimidos y dar libertad a los cautivos. Vaya tarea...

¿Quién atenderá al llamado de Dios? ¿Quién le rendirá su vida?

Ojo, no estoy hablando de construir una vida basaba en méritos, ya que nuestros méritos ofenden Su gracia, sino de ser cristianos.

*Mírame a mí, no busques a nadie más,*

*Te quiero servir, mi vida es para Ti.*

*Me has comprado con precio de sangre,*

*Y perdonado todo mi error,*

*Has sanado mi gran dolor,*

*Soy tuyo Señor*

*Me has comprado con precio de sangre,*

*Y perdonado todo mi error,*

*Has sanado mi corazón,*

*Soy tuyo Señor.*

\*\*\*\*\*

## Estimado Lector

Nos interesan mucho sus comentarios y opiniones sobre esta obra. Por favor ayúdenos comentando sobre este libro. Puede hacerlo dejando una reseña en la tienda donde lo ha adquirido.

Puede también escribirnos por correo electrónico a la siguiente dirección: **info@editorialimagen.com**

Si desea más libros como éste puede visitar el sitio de **Editorialimagen.com** para ver los nuevos títulos disponibles y aprovechar los descuentos y precios especiales que publicamos cada semana.

Allí mismo puede contactarnos directamente si tiene dudas, preguntas o cualquier sugerencia. ¡Esperamos saber de usted!

# Más Libros por el Autor

**Harto de Religión** - Pero deseoso del Dios vivo

Si tuviera que definir en muy pocas palabras el objetivo que persigue este libro, diría que, con una inocultable nostalgia, Picone pide volver a los tiempos del "primer amor", como reza Apocalipsis, donde quizás había menos luces, menos rayos láser, menos marketing y más simpleza y profundidad en la fe.

**Instinto de Conquista**

Es un libro motivacional, que desafía la inquietud de cualquier persona que anhele un cambio en su vida y no sabe por dónde comenzar.

\*\*\*\*\*

# Más Libros de Interés

**Liderazgo Cristiano** - Herramientas esenciales para el líder de hoy

Un estudio de la primera carta a Timoteo. El apóstol Pablo escribió sobre Pastores, a quienes se les recuerdan sus deberes y manera de conducirse como siervos de Dios.

**Doctrina Cristiana Básica** - Lo que todo cristiano debe saber

Nociones claras y conocimientos básicos de la doctrina cristiana, algo primordial para todo creyente, ya que lo que creemos influencia la forma en que vivimos, y cada creyente debe saber claramente lo que cree.

**Apocalipsis** - Un vistazo al futuro de la humanidad

¿Qué pasará con la humanidad? ¿Será destruido el planeta tierra? No hay dudas que nuestro planeta sufre los peores momentos. Surgen las preguntas: ¿Hacia dónde se enca-mina la humanidad? ¿Tiene su historia un propósito? ¿Dónde encontrar respuestas?

**Promesas de Dios para Cada Día** - Promesas de la Biblia para guiarte en tu necesidad

Nuestro Padre es un Dios de Amor y no retiene ningún bien. En Su Palabra encontramos los regalos y bendiciones que nuestro Padre tiene para nosotros.

**Perlas de Sabiduría** - Un devocional - 60 días descubriendo verdades en la Palabra de Dios

Las revelaciones de Dios son como perlas de gran valor, escondidos hasta ser descubier-tos. Dios se place en revelarnos Sus secretos. Descubre algunos de estos secretos preciosos.

**El Ayuno** - Una Cita con Dios.

Si buscas una unción especial para tu ministerio, tal vez el ayuno es la respuesta que necesitas. Aparte del enfoque espiritual también se describen los beneficios físicos, las diferentes maneras de ayunar, cómo romper un ayuno y otra información práctica.

**Gracia para Vivir** - Descubre cómo vivir la vida cristiana y ser parte de los planes de Dios

Martin Field, nos comparte sobre la gracia que proviene de Dios. La misma gracia que trae salvación también nos enseña cómo vivir mientras esperamos la venida de Jesús.

**Sanidad para el Alma Herida** - Como sanar las heridas del corazón y confrontar los traumas para obtener verdadera libertad espiritual

Este es un libro teórico y práctico sobre sanidad interior.

**Vida Cristiana Victoriosa** - Fortalece tu fe para caminar más cerca de Dios

Descubre cómo vivir la vida victoriosa, Cómo ser amigo de Dios y ganarse Su favor, Lo que hace la diferencia, Cómo te ve Dios, Cómo ser un guerrero de Dios, La grandeza de nuestro Dios, La verdadera adoración, Cómo vencer la tentación y Por qué Dios permite el sufrimiento, entre muchos otros temas.

**Dios Contigo** - Tu Padre quiere hablarte y tiene un mensaje para ti

Varios autores se han reunido para darle forma a este libro, cuya intención es acercarte más al corazón de Dios.

**30 días con Dios** - Lecturas diarias que te fortalecerán y te acercarán al Padre

Lo que leerás a continuación es un devocional que hemos preparado con algunas de las reflexiones que ya hemos enviado por correo electrónico a miles de personas alrededor del mundo desde al año 2004.

**Espíritu Santo, ¡Sopla En Mí!** - Aprendiendo los secretos para un vida de poder espiritual

¿Realmente queremos vivir una experiencia que revolucione nuestro presente, que haga la diferencia entre la muerte y la vida espiritual? De eso trata este libro. Te guiará a conocer al Espíritu Santo como persona. También aprenderás que es posible vivir una vida llena de su presencia.

www.ingramcontent.com/pod-product-compliance
Lightning Source LLC
Chambersburg PA
CBHW061655120626
46550CB00003B/954